国家社会科学基金重大项目（12

中国物价指数：
现状、问题与修正

卞志村　丁　慧　◎　著

ZHONGGUO WUJIA ZHISHU:
XIANZHUANG、WENTI YU
XIUZHENG

中国金融出版社

责任编辑：张菊香
责任校对：张志文
责任印制：张也男

图书在版编目（CIP）数据

中国物价指数：现状、问题与修正/卞志村，丁慧著．—北京：中国金融出版社，2019.1
  ISBN 978 - 7 - 5220 - 0207 - 1

  Ⅰ.①中… Ⅱ.①卞…②丁… Ⅲ.①物价指数—研究—中国
Ⅳ.①F726

中国版本图书馆 CIP 数据核字（2019）第 157595 号

中国物价指数：现状、问题与修正
Zhongguo Wujia Zhishu：Xianzhuang、Wenti Yu Xiuzheng

出版
发行   **中国金融出版社**
社址   北京市丰台区益泽路 2 号
市场开发部   （010）63266347，63805472，63439533（传真）
网 上 书 店   http：//www.chinafph.com
              （010）63286832，63365686（传真）
读者服务部   （010）66070833，62568380
邮编   100071
经销   新华书店
印刷   北京市松源印刷有限公司
尺寸   169 毫米 × 239 毫米
印张   10
字数   152 千
版次   2019 年 1 月第 1 版
印次   2019 年 1 月第 1 次印刷
定价   39.00 元
ISBN 978 - 7 - 5220 - 0207 - 1
如出现印装错误本社负责调换   联系电话(010)63263947
编辑部邮箱：jiaocaiyibu@126.com

物价稳定与否和一国经济的持续增长、社会的长期稳定以及公众福利水平的提高密切相关。回顾历史，可以发现严重的通货膨胀或者通货紧缩常常伴随着经济的放缓或停滞，甚至会引发社会动荡。因此长期以来控制通货膨胀、维持物价稳定一直是各国政府金融宏观调控的重要目标，也成为学术界研究的热点问题。我国经济发展进入新常态后，一方面劳动力、自然资源等生产要素的成本大幅攀升，实体经济与虚拟经济发展出现明显失衡所引发的资产泡沫等因素导致我国存在较大的潜在通胀压力；另一方面，由于经济增速换挡、结构调整阵痛和新旧动能转换等多重因素交织叠加，我国通货膨胀形成机理与动态特征日趋复杂。在此背景下，如何有效管控物价，成为我国宏观调控部门面临的重大挑战。

准确测度通货膨胀是有效把握一般价格水平变动态势、制定正确反通胀措施从而实现物价稳定的基础和前提，但如何全面、准确地衡量通货膨胀一直是一个难度相当大的问题（张晓慧，2009）。CPI 作为衡量通货膨胀的核心指标，一直是世界各国中央银行制定与实施稳定物价货币政策的主要依据。然而，CPI 在衡量总体通胀水平方面存在不少问题，这些问题以及由此引发的政策后果，一直被学者们和宏观调控部门所关注。CPI 在总体物价水平衡量方面所存在的缺陷主要表现为两个方面：其一，CPI 包含诸多由非货币因素所导致的部门性、暂时性噪声，也蕴含支出比例加权所引发的权重偏差，许多情况下未必能准确反映总体物价水平的变动趋势，将其作为通胀度量的主要指标可能会误导央行货币政策的制定与施行。其二，现阶段全球虚拟经济交易量远远超过了实体经济交易规模，资产价格在宏观经济运行中的作用越来越重要。近些年来，在经济全球化加速推进、金融业快速发展和金融资产规模持续膨胀等因素的共同影响之下，资产价格剧烈波动与一般消费品价格水平相对平稳长期并存，虚拟经济部门与实体经济部门的价格水平运行态势呈现明显背离。通货膨胀形成机理正在发生深刻改变，通货膨胀呈现出明显的结构性特征，CPI 在衡量整体价格水平方面的准确性下降。中央银行能否选择准确的通货膨胀指标进行政策搭配，直接关乎货币政策稳定物价的效果。由于 CPI 在通货膨胀测度方面存在明显"失真"现象，以 CPI 作为衡量总体物价水平的核心指标，会干扰和误导央行货币政策的制定与施行，在一定程度上削弱货币政策的有效性，甚至威胁到总体宏观经济的稳定。因此，如何科学修正物价指数、准确测度总体通胀水平，为货币政策调控提供准确的通胀"锚"，成为当前亟待解决的重大问题。

为此，本人与团队成员一起围绕 CPI 的结构特征及权重修正、我国核心通货膨胀指数编制及检验、我国广义价格指数编制及检验等系列问题展开了深入研究，并将这些问题作为本人担任首席专家的国家社会科学基金重大项目"基于物价调控的我国最优财政货币政策体制研究"（批准号：12&ZD064）的子课题四。历经四年深入系统的研究，课题研究任务顺利完成，重大项目免鉴定结项，相关学术成果刊发于《经济研究》《金融研究》《世界经济》等权威学术期刊。本书是重大项目"基于物价调控的我国最优财政货币政策体制研究"子课题四的最终研究报告，由上述研究成果中归属于子课题"中国物价指数：现状、问题与修正"的部分整合凝练而成。相关成果主要来源于卞志村、丁慧、刘子钊、笪哲以及束姝妹等人的学术论文。本书的具体撰写任务分工如下：第一章导论部分由丁慧撰写；第二章"CPI 的结构特征分析与权重修正"由刘子钊撰写；第三章"中国核心通货膨胀指数编制及检验"由赵亮、束姝妹撰写；第四章"中国广义价格指数编制及检验"由卞志村、笪哲撰写；第五章"物价指数修正与新时代货币政策调控取向"由卞志村、丁慧撰写。笪哲、王宇琨对本书各章节初稿进行统稿整理，沈雨田、张运、田鹊、陈颖与薛怀秀参与了本书的后期格式编排与文本审校工作。本书终稿由卞志村审定。本书的具体研究内容分为以下五章。

第一章为导论部分。本章首先对我国现行居民消费价格指数的历史沿革、测度目标与编制程序进行了详细阐述；其次，结合 CPI 的测度目标深入分析了 CPI 在通胀测度方面所存在的若干缺陷；最后给出本书研究的逻辑框架。

第二章为 CPI 的结构特征分析与权重修正。本章首先借鉴剔除法思想，分析了各成分价格指标波动对 CPI 的影响，提取各成分价格指标所蕴含的信息，进而初步判断 CPI 的结构特征。然后，本章运用符号约束的贝叶斯向量自回归模型识别供求关系变化和货币政策调整对 CPI 的影响，同时比较分析了原始 CPI 与分别剔除各类成分价格指标所得新构 CPI 对外生冲击的响应情况，从而进一步研判了 CPI 的结构特征。最后，本章基于降低新构 CPI 的波动性以及其偏离长期趋势程度的目标，采用蒙特卡洛模拟方法求解了 CPI 分类商品价格的权重解集，从而优化了 CPI 衡量物价水平的精准程度。

第三章为中国核心通货膨胀指数编制及检验。本章首先从通货膨胀本质内涵出发，分析当前 CPI 在测度中国通货膨胀中的局限性，诠释编制核心通货膨胀指数的必要性。而后，从通货膨胀的形成机理出发，基于新古典框架用数理方法推导一般价格水平与经济体产出水平、货币供给量、异质性商品的价格在短期冲击下的偏离率之间的关系。接着，在理论模型的基础上构建四变量 SVAR 模型，用于估计中国核心通货膨胀指数，并对序列进行基本统计性质的检验，验证所构建的指标是否是核心通胀的有效测度。再次，对核心通货膨胀的货币政策含义进行分析，探析核心通胀指数在指引货币政策操作、预测未来价格运行等方面的作用，以此鉴别所得核心通胀指数的有效性。最后，根据前述分析结果提出相应的货币政策操作建议。

第四章为中国广义价格指数编制及检验。本章首先系统阐述了广义价格指数构建的经济学理论基础，基于 Mankiw 和 Reis（2003）建立的数理模型，通过多部门新凯恩斯一般均衡分析，深入阐述价格指数编制的理论基础；随后探究我国代表性资产价格指标与通货膨胀间的相互关系，基于客观标准甄选纳入广义价格指数的资产价格指标；其后运用最优化算法确定了广义价格指数（GPI）的构成，实证检验 GPI 测度整体价格水平的准确性以及将其作为货币政策当局通胀指标时的宏观调控效果；最后基于一系列研究提出相应结论与政策建议。

第五章为物价指数修正与新时代货币政策调控取向。本章综合全书研究结论与新时代经济发展特征提出优化货币政策调控效果的相关政策建议：第一，总结经验，完善物价统计与 CPI 指标体系；第二，编制核心通胀指数，努力把握通货膨胀长期变动趋势；第三，编制广义价格指数，优化货币政策最终目标。

本书从物价调控视角出发，详细阐述了我国现行居民消费价格指数的历史沿革、测度目标与编制程序，结合 CPI 的测度目标剖析了 CPI 在总体通胀水平测度方面存在的若干缺陷。在此基础上，本书综合运用理论分析和实证检验方法深入研究了 CPI 的权重修正问题，构建了我国的核心通货膨胀指数并进行有效性检验，编制了纳入资产价格的广义价格指数并对其政策效果进行了多维分析，基于研究结论提出了具有针对性和可操作性的政策建议。本书的研究不仅可以丰富国内现有关于物价指数修正的相关研究，也可为新时代背景下优化货币政策调控的通胀锚提供重要理论参考和借鉴，缓解公众对现有通货膨胀测度指标 CPI 的质疑，改善央行与公众之间的沟通，从而提升我国货币政策调控的有效性。

新时代我国宏观经济形势纷繁复杂，物价指数修正工作任重而道远，相关学术研究尚待继续深入推进。本人与课题组成员虽尽心竭力，但囿于学识与精力有限，书中难免存在错漏或不完善之处，恳请各位专家学者批评指正。

卞志村
2018 年 12 月

目 录

第一章

导　论

　　现阶段，中国用来测度一般物价水平的价格指数包括居民消费价格指数（CPI），商品零售价格指数（RPI），农业生产资料价格指数（AMPI），工业生产者价格指数（PPI），原材料、燃料、动力购进价格指数（PPIRM），固定资产投资价格指数，房地产价格指数和农产品出售价格指数等。其中，CPI作为衡量居民生活成本与消费品价格水平的指标，受到社会各界的广泛关注，因此长期以来都被货币政策当局视作最关键的通胀测度指标。然而，CPI由于自身编制存在误差等多方面的问题，在物价水平准确衡量方面也存在诸多缺陷，理论界与实务界关于CPI能否准确测度通货膨胀水平的争论一直在持续。CPI在物价水平衡量方面所存在的缺陷主要表现为两个方面：其一，CPI包含诸多由非货币因素所导致的部门性、暂时性噪声，也蕴含支出比例加权所引发的权重偏差，许多情况下未必能准确反映总体物价水平的变动趋势，将其作为通胀度量的主要指标有可能会误导央行货币政策的制定与施行；其二，近些年来，在经济全球化加速推进、金融业快速发展和金融资产规模持续膨胀等因素的共同影响之下，通货膨胀形成机理正在逐步发生深刻的改变，致使通货膨胀主要表现为"结构性"通货膨胀，CPI指数在衡量整体价格水平上的准确性下降，难以准确表征一般价格水平。

中国 CPI 构成中食品支出占比大，导致 CPI 变动在较大程度上受到食品价格波动的影响。一些临时性的供给冲击或农产品生产的周期性波动会在短期内带来食品价格的剧烈波动，进而引发 CPI 的频繁变动。2008 年以来，我国 CPI 起伏很大，由于 2008 年初罕见的冰雪灾害等因素，2008 年 1 月的 CPI 达到 7.1%，2 月更是达到 8.7%，创下 1996 年以来的新高。经过一系列紧缩的货币政策，2008 年 3 月后我国 CPI 逐步回落，12 月只有 1.2%，2009 年 1 月为 1%，而 2009 年 2—10 月物价出现了连续负增长，2010 年物价又开始上涨，2010 年 11 月已经达到 5.1%。2011 年以来，我国居民消费价格上涨较快，特别是食品类价格，居民生活成本有所上升。2011 年全年 CPI 的同比平均增长幅度达到了 5.4%，7 月的 CPI 增幅更是达到了 6.5% 的水平，食品类价格同比平均涨幅更是达到了 11.8%。2012 年以来，CPI 的波动幅度有所下降，但波动频率明显增加，央行稳定物价面临新的压力。

此外，中国在以 CPI 衡量的通货膨胀水平保持相对稳定的同时，资产价格波动幅度却呈现出明显的扩大态势。资产价格的频繁、剧烈波动逐渐成为经济运行中的常态。在此背景下，资产价格剧烈波动与一般消费品价格水平相对平稳长期并存，虚拟经济部门与实体经济部门的价格水平运行态势呈现明显的背离，成为经济金融运行中的典型性事实。根据通货膨胀最基本的定义——所有"商品"价格的普遍上涨，可以认为近年来的通货膨胀呈现出明显的"结构性"特征。与经典的"结构性"通胀所不同的是，近年来出现的"结构性"通胀主要表现为实体经济部门与虚拟经济部门间价格水平运行的结构性背离。如果将 CPI 和资产价格看作一般价格水平的两个部分，那么可以认为以往治理通货膨胀的货币政策只是将一般价格上涨趋势部分从 CPI 转移到了资产价格上面，而并未真正抑制住价格上涨趋势。从本质上来看，现阶段的这种"结构性"通货膨胀是实体经济部门与虚拟经济部门发展非均衡的表现。由于实体经济部门与虚拟经济部门都是维持经济持续增长不可或缺的组成部分，虚拟经济部门的过分膨胀会挤压实体经济部门的生存空间，从而导致经济出现危机形式的强制性自我调整。人们进行金融投机的乐观预期本质上来源于实体经济部门的有力支撑，当实体经济部门收益率的持续下滑以及投资数量与比例的不断收缩使得实体经济部门不断萎缩时，一旦有经济主体意识到实体经济部门的支撑难以为继，就会动摇甚至丧失对于未来经济持续增长的信心，从而导致乐观预期发生快速逆转，房地产、金融资产泡沫会在短时期内破裂，人们的悲观预期与恐慌心情进一步加剧，前期推动价格上行的动力迅速消失，此前的结构性通货膨胀伴随着房地产、金融资产泡沫的破裂转向"结构性通缩"。资产价格泡沫破裂导致财富的大幅缩水加之市场的悲观预期，引发总需求的全面萎缩，经济繁荣时期掩藏的实体经济部门的过剩产能会导致一般商品价格水平下跌，结构性通缩由此转向全面通缩。在当前全球经济环境下，未来较长时期内中国经济都可能在主要由资产、初级产品带动的"结构性"通胀和由金融投机泡沫破裂引发的通货紧缩之间循环往复，给货币政策稳定总体价格水平的目标带来极大的挑战。如果仅仅采用 CPI 这一"失真"的通胀指标作为货币政策调控一般价格水平的依据，可能无法应对结构性通胀与通货紧缩之间的频繁转换，难以实现长期物价稳定的货币政策目标。实践中，如果在货币政策实施中主要甚至唯一盯住 CPI 衡量的通货膨胀，导致通胀目标错配的出现，会给现实通胀的有效管理带来极大挑战，如此不仅难以真正抑制住通货膨胀，也会在 CPI 较长时期保持相对稳定的情况下，一定程度上纵容资产与金融泡沫，累积金融风险，影响宏观经济的稳定，导致总体价格水平波动。

CPI 在测度通胀水平方面所存在的偏差，也引发了社会公众对 CPI 指数真实性、合理性和有效性的质疑。从公众对通胀的感知来看，近年来人们普遍感觉到物价上涨速度与 CPI 指标所反映的通胀水平并不一致。特别是我国近十几年来 CPI 衡量的低通胀与不断上涨的房地产价格之间的鲜明对比，更是引发了社会各界对 CPI 的真实性、合理性以及衡量通货膨胀有效性的质疑。CPI 作为通胀指标似乎陷入了统计与现实不一致的境地。除了普通公众之外，学者们也对 CPI 这一指标在衡量通胀方面的合理性与有效性提出了诸多质疑和反诘。公众对 CPI 通胀指标的质疑直接会影响宏观经济管理部门与公众之间的沟通，从而削弱货币政策的有效性。

准确地测度物价水平是有效治理通货膨胀、实现物价稳定的基础和前提。中央银行能否选择准确的通货膨胀指标进行政策搭配，直接关乎货币政策稳定物价的效果。尽管 CPI 是我国长期以来最重要的通胀衡量指标，但由于 CPI 自身的构成以及权重设定方面的偏差，致使 CPI 包含大量的"噪声"，从而可能误导央行对总体物价未来走势的判定。此外，在通胀形成机理发生深刻变化、结构性通胀成为主要通胀形式的大背景下，CPI 在通货膨胀测度方面存在明显的"失真"现象。以 CPI 作为衡量总体物价水平的核心指标，会干扰和误导央行货币政策的制定与施行，在一定程度上削弱货币政策的有效性，甚至威胁到总体宏观经济的稳定。此外，CPI 测度通胀的有效性也受到社会各界的质疑，影响着央行与公众之间沟通的有效性。鉴于此，如何更准确地衡量一般价格水平、测度通货膨胀成为国内外学术界的研究热点，也是货币当局的关注热点。

梳理学术界已有的相关研究可以发现，大部分学者认为，CPI 在衡量通胀方面的缺陷源于 CPI 自身编制的不合理，因此主张对 CPI 本身进行修正，主要包括核心 CPI 的编制、CPI 子类权重的修正以及居民"自有"住房价格如何纳入 CPI 统计之中。但正如张成思（2011）所指出的那样，对 CPI 本身进行修正并不能实质性地解决 CPI 在通胀测度方面的缺陷，至少不能完全解决。因此，针对 CPI 在物价水平衡量方面所存在的缺陷。不仅仅需要修正 CPI 自身，也要考虑通货膨胀指标的重新选择。鉴于此，本书拟从两大视角对中国物价指数修正问题展开研究：其一，对现行的 CPI 指标进行修正；其二，新物价指数的编制及检验。

在导论部分，第一节对物价水平衡量的核心指标 CPI 进行剖析，从 CPI 的定义和内涵、CPI 的产生及发展历程、CPI 编制的目的及程序等方面对 CPI 的编制进行全方面的分析。第二节对 CPI 在通胀测度方面所存在的缺陷以及盯住 CPI 的货币政策框架所引发的经济后果进行探讨。这些分析为本书后面各章节的分析奠定理论基础。第三节对本书主要研究内容的安排和结构框架进行说明，并给出全书的研究路线图。

第一节 中国现行居民消费价格指数概述

根据《中国统计年鉴》，可将居民消费价格指数（CPI）定义为：反映一定时期内城乡居民家庭所购买并用于日常生活消费的一篮子商品和服务项目价格水平变动的相对数。中国现行的居民消费价格指数主要包括总的居民消费价格指数（CPI）、城市居民消费价格指数、农村居民消费价格指数，此外还包括地区性的居民消费价格指数。根据 CPI 的定义，居民消费价格指数既是测度总体通货膨胀水平的指标，也是衡量城乡居民生活成本变化的指标，这也就意味着 CPI 的测度目标具有双重性。从中国统计部门编制 CPI 的实践来看，中国的 CPI 测度目标亦具有双重性，这种双重性使得现行的 CPI 既不能完全适用于居民生活费用变化之衡量，亦无法完全适用于总体通胀水平的测度。从央行货币政策实施来看，主要关注的是 CPI 的通胀测度功能，但由于中国 CPI 的编制在衡量生活成本变化与测度通胀水平两个目标之间摇摆，致使其在通货膨胀测度方面存在偏差，这种偏差会误导货币政策的制定与施行。近年来关于 CPI 自身的修正研究较多，但对 CPI 自身进行的修正并不能实质性地解决 CPI 测度通胀方面的偏差，至少难以完全解决 CPI 在通胀测度方面所存在的缺陷。因此探讨物价指数修正问题，一方面需要研究 CPI 自身的修正问题，另一方面也要探讨通货膨胀指标的重新选择问题。在对 CPI 修正以及广义价格指数进行进一步探讨之前，有必要先对中国 CPI 的历史沿革、编制目的及方法等内容进行概述。

一、中国 CPI 的历史沿革

20 世纪 20 年代在中国天津、上海、北平等几个大城市编制的职工生活费用指数是中国消费价格指数最早的雏形。1926—1927 年，上海、天津、北平的政府统计部门借鉴西方国家的经验，通过调查本地工人在食品、衣着等五个方面的支出，编制出了职工生活费用指数。此外，1926 年南开大学也尝试根据天津工人在 37 种代表性商品上的支出费用，编制工人生活费用指数，用于测度天津的物价水平。总体而言，20 世纪 20 年代北平、上海以及天津等地编制"职工生活费用指数"的尝试对于衡量当时城市居民生活成本的变化具有一定的积极作用，也对后来物价指数的编制具有借鉴意义。但囿于各方面条件的限制，当时编制的"职工生活费用指数"所涵盖的商品种类还相当有限，从而这一指数在衡量居民生活费用变化的准确性上还存在明显的不足。

1949 年新中国成立后，我国统计部门对于物价指数的编制进行了全新的探索。新中国成立之初，新成立的商业部物价局采用固定数量加权综合法重新编制了京、津、沪三大城市的职工生活费用指数。为获取全国统一的物价指数，20世纪50年代商业部物价局对职工生活费用指数进行了多次修正和完善。1953年，职工生活费用指数的地理范围由三个城市扩展为十个大城市。1956年，职工生活费用指数的地理范围进一步扩大，全国省会城市被全部纳入职工生活费用指数编制的统计范围。1957年，除职工生活费用指数之外，商业部物价局又开始编制全国性的城市零售物价指数，并将新编制的零售物价指数和原来的职工生活费用指数进行合并处理，从而编制出新的、更为全面的职工生活费用指数。20世纪80年代以前，职工生活费用指数只能用来衡量城市居民生活成本变动，而并未包含中国广大农村地区农民群体生活成本的变化，因此这一指数并不能真正反映全国人民生活费用的变化情况。针对这一问题，统计部门于20世纪80年代中期对职工生活费用指数的统计对象进行了扩展，由原来仅包括城市居民扩展为既包括城市居民又包括农村居民。此外，基于价格双轨制的现实，按照牌价、议价以及市价分别编制职工生活费用指数，并将这些指数汇总，编制全国城乡居民生活费用总指数。20世纪90年代，国家统计局对物价指数编制进行了进一步的完善。具体而言，1990年初开始着手进行生活费用指数以及零售价格指数的编制。国家统计局于1994年按照中央物价指数统计改革的相关指示，对我国的物价指数编制进行了重大变革，不再编制和发布职工生活费用指数，取而代之的是开始编制和发布居民消费价格指数与商品零售价格指数。不过值得一提的是，在这一时期的价格指数之中，商品零售价格指数占据主导地位，是政府进行宏观决策的主要参考指标，而居民消费价格指数只是作为价格指数之中的从属性指标。

随着中国经济的飞速增长，第三产业产值占GDP的比重快速上升，由改革开放初期的23.9%上升至2015年的50.5%，这意味着服务业项目的价格对于生活总费用的影响越来越不容忽视。但商品零售价格指数编制过程中选取的代表性商品，并未涵盖服务项目，这不可避免地导致该指数在衡量全社会"商品"价格变动方面存在偏差。而居民消费价格指数的统计范围既包括居民购买的消费品，也涵盖了服务项目，因此更能全面准确地反映全体居民生活费用的变化。在这一背景下，自1997年开始，国家统计局、国家发展和改革委员会等相关部门着手对中国物价指数编制进行重大改革，并决定自2000年开始，居民消费价格指数将取代商品零售价格指数，成为中国主要的价格指数。2001 年，为了进一步与国际接轨，国家统计局通过借鉴和吸收国际上价格指数编制的先进方法，对中国 CPI 编制所选取的消费篮子所涵盖的消费品与服务项目、子类权重、支出权重更新频率等决定居民消费价格指数编制的因素进行了重大调整。2002 年，中国正式加入由国际货币基金组织（IMF）倡导建立的、旨在规范各成员国政府统计数据编制和公布的系统——数据公布通用系统，这意味着中国居民消费价格指数的编制与公布将更加符合国际规范，从而进一步与国际接轨。

为了与中国国民经济和社会发展五年规划保持相同周期，便于数据分析与使用，自 2000 年起，按照国家统计局《流通和消费价格统计制度》要求，中国 CPI 指数每五年进行一次基期轮换。截至 2018 年 8 月，中国 CPI 的基期轮换已经进行了四轮，其基期依次轮换为 2000 年、2005 年、2010 年、2015 年。每次基期轮换既包括调查商品服务篮子、调查网点和代表规格品等调整，又包括权数构成的变化，这使 CPI 调查所涉及的商品和服务更具有代表性，更能及时准确反映居民消费结构新变化及物价实际变动。

二、中国 CPI 的测度目标

美国经济学家弗里希指出，价格指数编制不仅仅是统计问题，同时也是理论问题（Frisch，1936）。作为宏观经济调控的重要参考指标，CPI 的编制过程涉及一系列的理论与技术问题。而编制 CPI 的目的，即 CPI 的测度目标是首先需要明确的重大问题，不同的测度目标会导致 CPI 编制过程中一系列环节的差异。总体而言，CPI 的测度目标可以归纳为三个方面。

其一，编制 CPI 将其作为补偿指数。实际上，编制 CPI 最初的目的是对生活费用变动和消费品及服务项目价格变动进行补偿，即相关部门通过 CPI 指数对工资、税收等流量指标以及某些资产和债务等存量指标进行调整，以补偿生活费用变动和消费品及服务项目价格变动给人们福利水平带来的不利影响。

其二，编制 CPI 用以测度总体通胀水平。通货膨胀是指物价水平普遍和持续的上涨。CPI 指标能够度量消费品和服务项目价格水平的变动，可以提供住户部门的通货膨胀信息，并可用于社会总体通货膨胀水平的测度。

其三，编制 CPI 用以作为缩减指数。在国民经济核算的过程中，为了提高核算的准确程度，往往需要剔除价格变动的干扰，测算出以不变价衡量的经济增加值。CPI 可以用来对住户部门的名义最终消费值进行缩减，得到住户部门的以不变价表示的最终真实消费值。

为保证国民经济核算的一致性，需要采用帕氏指数编制缩减指数，但 CPI 是采用拉氏指数编制出来的。因此尽管理论上存在三种 CPI 测度目标，但在实际的 CPI 编制过程中，通常不考虑第三种目标，而是聚焦于前两个目标。

在世界各国的统计实践中，有些国家的统计部门进一步明确了本国的 CPI 测度目标，如美国、瑞典以及荷兰等国明确指出本国 CPI 主要用于测度生活成本的变化，而澳大利亚的统计机构明确指出其编制的 CPI 测度的是总体通胀水平，但另外一些国家并未明确说明本国 CPI 的测度目标。当前，中国的统计部门并未明确 CPI 的测度目标，导致中国的 CPI 是多种目标的折中结果，这使得现行 CPI 既不能完全适用于居民生活费用变化之衡量，亦无法完全适用于总体通胀水平的测度。从央行货币政策实施来看，主要关注的是 CPI 的通胀测度功能，但由于中国 CPI 的编制在衡量生活成本变化与测度通胀水平两个目标之间摇摆，致使其在通货膨胀测度方面存在偏差。CPI 在通胀测度方面的偏差会误导货币政策的制定与施行。

三、中国 CPI 的编制程序

现阶段中国 CPI 的编制遵循以样本推断总体的总原则，采用抽样调查和重点调查相结合的方式获取样本数据，具体的编制程序可以分为五个基本步骤，分别是价格调查地区与调查点的确定、代表商品的选择、代表商品价格数据的收集和整理、代表商品权重的确定、CPI 的计算。

（一）价格调查地区与调查点的确定

由于中国幅员辽阔，各地区经济发展水平不尽相同，各地的同类商品价格也存在差异性，要编制准确反映居民生活成本与总体价格水平的居民消费价格指数，需要合理确定商品以及服务项目价格调查地区和价格调查点。现阶段中国在编制 CPI 过程中，价格调查地区和调查点的确定采用分层抽样的方法，一方面涵盖了所有省市主要的消费品市场，另一方面，主要选择那些商品种类多样、规格齐全、销售金额较大的消费品市场，以符合全面性和代表性并重的原则。

（二）代表商品的选择

现阶段可供居民消费的商品与服务项目种类繁多，而将所有的商品价格都纳入 CPI 指数的编制过程是不现实的，因此需要选择进入"商品篮子"的代表性商品。现阶段中国统计部门编制 CPI 时代表性商品的选择一方面是基于对 5.6 万户城市居民和 6.8 万户农村居民消费支出构成的调查，另一方面还考虑了商品的消费量以及商品价格变动的影响力。

（三）代表商品价格数据的收集和整理

代表性商品价格数据是否真实准确直接关系到编制出的 CPI 的真实性和准确性。为了保证"消费篮子"中代表性商品的价格数据的真实性，统计部门在进行价格数据采集时需要遵守两个准则：第一，直接采价原则。即所有代表性商品的价格数据都必须是统计部门价格调查人员在消费品市场采集到的第一手价格数据，在直接采价的过程中，需要采用定点、定时和定人的原则。第二，同质可比原则。价格调查人员不同时点得到的代表性商品的价格数据，需要确保代表性商品在规格、类型以及品质方面的同一性，从而确保编制的价格指数具有可比性。

（四）代表商品权重的确定

由于消费篮子中各代表商品的消费支出在居民总的消费支出中的比例不尽相同，因此不能将这些代表性商品的价格进行简单的算术平均得到 CPI 数据，而是必须根据各代表性商品的重要程度即权重的测算，运用加权平均的方法由代表性商品的价格数据得到 CPI 数据。具体而言，某类商品的消费支出在居民消费总支出的比重越大，则在 CPI 中的权重就越大。现阶段在中国 CPI 编制过程中，各代表性商品权重主要是根据对 5.6 万户城市居民和 6.8 万户农村居民消费支出构成的调查来确定。此外，伴随着中国经济的快速发展，居民的消费结构不断发生改变，从而导致同类商品的消费支出在居民消费总支出中的比例也发生变化。因此，CPI 中各子项的权重需要及时调整，从而更加及时地反映居民消费结构的改变，使 CPI 指数得以更加准确地反映居民生活成本的变化和总体价格水平的变动。

（五）CPI 的计算

在完成价格调查地区与调查点的确定、代表商品的选择、代表商品价格数据的收集和整理、代表商品权重的确定这四个步骤之后，可着手进行 CPI 的最终计算。CPI 的最终计算是按照单项商品与服务价格、小类价格指数、中类价格指数、大类价格指数、价格总指数的计算顺序逐层推进的。CPI 的最终计算所采取的方法是固定加权算术平均法，也就是说将各类成分价格指数汇总为价格总指数时，各类成分价格指数的权重保持相对固定。

第二节　中国现行居民消费价格指数问题剖析

通过借鉴和吸收发达国家编制消费价格指数的先进经验以及结合我国的实际情况对编制方法进一步的调整，我国现行的居民消费价格指数能够相对准确地衡量总体通胀水平，并为相关部门进行决策提供一定的参考。但不可否认，目前的 CPI 指标在通货膨胀测度方面依然存在一定的不足，还有进一步完善的空间。譬如，王军平（2006）认为中国消费价格指数（CPI）编制过程中关于自有住房消费的度量方法存在局限性，目前的 CPI 编制并未考虑因住房价格上涨而带动的居住类价格指数的上升，但却统计了由于住房价格上涨产生的挤出效应所导致的某些消费品及服务的价格下降，致使 CPI 官方统计结果与实际不符，也和居民的实际感受相背离。高艳云（2009）指出中国在消费价格指数（CPI）的编制过程中，各子类权重以及产品篮子的代表性方面存在不足。这些研究对于理解中国 CPI 编制过程中所存在的问题具有相当重要的参考价值，但这些研究大多数都是从统计技术角度出发的。Frisch（1936）指出价格指数的构造与编制既是一个统计技术问题，也是一个经济理论问题。基于已有研究，本小节结合 CPI 的测度目标，剖析 CPI 在通货膨胀测度方面的问题。

如前文所述，可以将 CPI 测度目标主要归纳为两个：其一，衡量总体通胀水平，为货币当局实现物价稳定提供决策依据；其二，充当补偿指数，用以调整工资、税收、利息、租金、社会保障福利、合同付款等，以补偿生活费用或消费品价格的变动。在具体的统计实践过程中，中国的统计部门并未明确中国 CPI 的测度目标。因此，中国的 CPI 是多种目标折中的结果，致使 CPI 在测度通

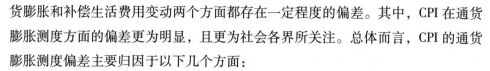

货膨胀和补偿生活费用变动两个方面都存在一定程度的偏差。其中，CPI 在通货膨胀测度方面的偏差更为明显，且更为社会各界所关注。总体而言，CPI 的通货膨胀测度偏差主要归因于以下几个方面：

其一，CPI 编制中自有住房费用处理方法不尽合理。中国在 CPI 编制过程中所采用的自有住房费用核算方案主要基于 SNA（1993）。按照 SNA（1993），居民新购买的住房属于资本品，从而由此相关的支出属于投资支出，不应体现在居民消费价格指数之中。因此，我国目前在 CPI 编制过程中对自有住房的处理方法是虚拟租金法，只包括虚拟折旧、修理维护费和管理费。实际上，关于自有住房属于资本品抑或耐用消费品，或者是二者的结合，理论界与实践界并未达成一致。因此，对于在 CPI 中如何处理自有住房费用并不存在统一的国际惯例。不同国家的统计机构对于 CPI 中是否包括自有住房，以及在考虑自有住房费用的情形下如何处理此类费用等一系列问题的解决方法呈现多元化格局。此外，同一国家和地区在自有住房相关费用的处理方法上也并不是一成不变的，不同时期的市场条件和政策需求可能导致不同的方法偏好（徐强，2007）。

从理论上探讨 CPI 编制中自有住房费用的处理，需要回到 CPI 测度目标上来。在 CPI 编制中，基于不同的测度目标，会产生不同的测度自有住房费用的方法。因此，从某种程度上讲，消费者价格指数中对自有住房采取何种处理方法关键取决于统计部门的政策取向。对于一国货币当局而言，商品，特别是耐用消费品的实际消费或者使用时间并不重要，其对于消费价格指数是否能够"实时"记录价格变动过程以及程度更为关注。换言之，商品以及服务实际交易时的价格水平高低以及变动趋势才是货币当局所关注的焦点问题。因此，从理论上看，如果 CPI 主要用于通货膨胀测度，应该采用"净购置法"将自有住房价格变动纳入居民消费价格编制中。而当 CPI 主要用于衡量居民生活费用的变动，且该国处于房地产价格相对稳定、自有住房人口比例相对稳定的状态时，则只需将使用自有住房所产生的费用纳入 CPI 编制，具体而言可以选择等值租金法或者消费成本法。具体到中国的实际情况，伴随着经济的持续高速增长，中国的房地产市场处于快速发展的过程中，中国的自有住房比率不断提高，早在 2011 年就已经超过了 80%，这一比例甚至高于包括美国、德国在内的绝大多数发达国家，但中国相应的 CPI 自有住房费用权重却显著低于将自有住房费用纳入 CPI 的绝大多数发达国家。在自有住房比率高而 CPI 中自有住房费用权重低的情况下，房地产价格上涨通过自有住房向 CPI 的传导渠道并不通畅，传导效应显著下降，从而导致 CPI 的通胀测度功能受限（陈立双和祝丹，2014）。近年来，中国的房价呈现出持续上涨态势，由虚拟折旧、修理维护费以及虚拟租金等相对稳定的费用指标作为居住类费用测算出的 CPI 会与普通民众实际感受到的通胀压力相背离，也会对消费者的实际收入和福利水平产生高估，这一方面会对央行治理通货膨胀货币政策的实施产生误导，另一方面也难以为社会保障部门制定经济补偿政策提供可靠的数据支撑，从而难以实现政府的政策初衷。

其二，CPI 编制中的权重更新速度慢。当前，中国在 CPI 编制过程中，一般每五年对 CPI 各子成分权重进行一次大调整，这种更新速度一方面慢于国外很多国家，也与现阶段中国居民实际消费结构调整速度不相匹配。美国自 1996 年《Boskin 委员会报告》发布之后，深刻意识到及时更新权重对于降低 CPI 通胀测度偏差的重要性，从而于 1998 年决定从 2002 年 1 月起每两年对权重进行一次更新；英国、法国每年更新一次权重，加拿大每四年更新一次权重。由于权重反映的是居民消费结构，当经济发展到一定阶段以后，居民消费结构一般趋于稳定，但对于经济高速增长的发展经济体而言，居民的消费价格变化速度相当快。根据英国统计局网站提供的信息，1998 年英国食品支出在居民消费支出中所占比重为 14.4%，2009 年这一比重为 11.8%，12 年间这一比重仅下降了 2.6%。而对于处在经济持续高速增长中的中国而言，居民消费结构的变化相比发达国家而言要快得多，以城市居民的恩格尔系数值为例，1996—2007 年这一系数值由 46.64% 降为 32%，下降幅度高达 14.64%。相比之下，英国居民的消费结构相对稳定，而其 CPI 权重的调整频率为每年一次；中国居民消费结构的变化很快，而 CPI 权重更新的周期长达五年，因此编制出的 CPI 存在通货膨胀测度偏差具有必然性。

其三，CPI 容易误导货币政策取向。一方面，居民消费价格指数容易频繁受到短期供给冲击的扰动。我们知道，CPI 总体指数中包括食品和与能源相关的成分价格指数，而食品和能源价格经常受到诸如恶劣气候、OPEC 减产等临时因素的影响而大幅波动，从而使 CPI 总体指数在短期内也经常大幅波动。例如，在我国居民消费价格指数的 8 项成分价格指数中，食品类指数所占的权重最大，自然因素的变化使得食品很容易受到供给冲击从而价格发生较大的波动，但这类冲击往往是短暂性的。例如，从 2007 年开始的日常用食品价格的大幅上涨，尤其是猪肉价格的上涨导致 CPI 不断攀高，很多人认为我国已经进入了高通货膨胀期。然而扣除了能源和食品价格波动的 CPI 的涨幅仍然在安全范围之内，从一定程度上说，正是 CPI 结构性的上涨造成了我国已进入高通货膨胀时期的假象。实际上，食品价格逐步回落后，CPI 也大幅回落。CPI 作为货币政策关注的主要指标之一，这个缺陷可能导致通货膨胀预期增加，导致不必要的货币政策变动，从而导致货币政策决策失误。另一方面，CPI 的一篮子商品中不仅包括常规的商品和服务项目，也包括了一些受到价格控制、被征收特别税的商品和服务项目，而这些类型的商品和服务项目的价格变动并不能真实反映市场中的价格机制。例如我国 CPI 的一篮子商品中，就包括了粮食、天然气、汽油、医疗等价格受政府控制的商品，也包括烟酒等被征以重税的商品。这种不被市场力量决定的价格肯定会对消费者产生影响，但受货币政策的影响却很小，如果货币政策主要关注 CPI，货币政策就不能完全对市场价格发挥功效。

第三节 研究内容与框架结构

通过前面对中国现行居民消费价格指数及其在物价水平衡量方面缺陷的剖析，可以得出要实现物价稳定的货币政策目标，亟需对现行物价指数进行修正。鉴于仅仅针对 CPI 自身的修正难以实质性地解决 CPI 通胀测度偏差问题，本书拟从 CPI 测度修正和广义价格指数编制两大视角展开相关研究。本书的研究内容总共分为五章，除第一章导论之外，分析结构与主要内容如下：

第二章为 CPI 的结构特征分析与权重修正。本章首先借鉴剔除法思想，分析了各成分价格指标波动对 CPI 的影响，从而提取各成分价格指标所蕴含的信息，进而初步判断了 CPI 的结构特征。然后，本章运用符号约束的贝叶斯向量自回归模型识别供求关系变化和货币政策调整对 CPI 的影响，同时比较分析了原始 CPI 与分别剔除各类成分价格指标所得新构 CPI 对外生冲击的响应情况，从而进一步研判了 CPI 的结构特征。再者，本章基于降低新构 CPI 的波动性以及其偏离长期趋势程度的目标，采用蒙特卡洛模拟方法求解了 CPI 分类商品价格的权重解集，从而优化了 CPI 衡量物价水平的精准程度。

第三章为中国核心通货膨胀指数编制及检验。本章最初从通货膨胀本质内涵出发，分析当前 CPI 在测度中国通货膨胀中的局限性，诠释编制核心通货膨胀指数的必要性。而后，从通货膨胀的产生机理出发，基于新古典框架用数理方法推导一般价格水平（核心通胀）与经济体产出水平、货币供给量、异质性商品的价格在短期冲击下的偏离率之间的关系。接着，在理论模型的基础上构建出四变量 SVAR 模型，用于估计中国核心通货膨胀指数，并对序列进行基本统计性质的检验，验证所构建的指标是核心通胀的有效测度。再次，对核心通货膨胀的货币政策含义进行分析，探析核心通胀指数在指引货币政策操作、预测未来价格运行等方面的作用，同时以此鉴别所得核心通胀指数的有效性。最后，根据前述分析结果提出相应的货币政策操作建议。

第四章为中国广义价格指数编制及检验。本章首先系统阐述了广义价格指数构建的经济学理论，并基于 Mankiw 和 Reis（2003）建立的数理模型，通过多部门新凯恩斯一般均衡分析，深入阐述价格指数编制的理论基础；随后探究我国代表性资产价格指标与通货膨胀间的相互关系，基于客观标准甄选纳入广义价格指数的资产价格指标；其后运用最优化算法确定了广义价格指数（GPI）的构成，实证检验 GPI 测度整体价格水平的准确性以及将其作为货币政策当局通胀指标时的宏观调控效果；最后基于前述研究提出相应结论与政策建议。

第五章为物价指数修正与新时代货币政策调控取向。本章综合全书研究结论与新时代经济发展特征提出优化货币政策调控效果的相关政策建议：第一，总结经验，完善物价统计与 CPI 指标体系；第二，编制核心通胀指数，努力把握通货膨胀长期变动趋势；第三，编制广义价格指数，优化货币政策最终目标。

全书的逻辑框架如图 1.1 所示。

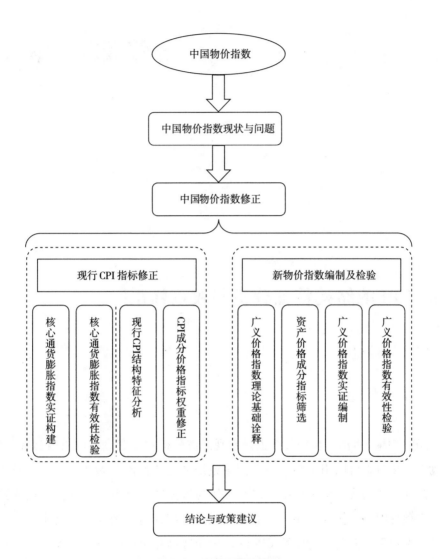

图 1.1　本书逻辑架构图

第二章

CPI 的结构特征分析与权重修正

第一节　引言

CPI 与居民生活密切相关，也是宏观经济分析和宏观调控的重要目标指数，其动态变化过程可以用于判断一个国家或地区总体供需关系和经济发展健康状态。然而，在实践应用过程中，以 CPI 作为指标进行货币政策调控往往受到诸多现实条件限制。作为一个统计合成指数，被统计对象的经济发展水平、居民生活消费水平、消费结构以及 CPI 统计中消费品和服务的类别范围及其权重等因素，都有可能影响 CPI 的统计分析，而其成分价格指标的异常变动更是会直接导致 CPI 产生预期外的波动。事实上，我国的 CPI 更偏向于反映居民生活成本变化状况而较易受到成分价格指标短期波动的过度干扰，这与货币政策通胀目标更应反映供求关系长期趋势的基本要求存在内生矛盾，进而导致使用 CPI 作为通胀代理指标的效果往往不尽如人意。因此仅仅盯住 CPI，并据此作出宏观调控决策，难免会出现 CPI 受部分价格扰动传递错误信息，而削弱货币政策稳定物价效果的情况。

CPI 自 2008 年以来波动一直都较为剧烈，不管是其对生活成本变化的反映还是其对于一般价格水平的测度，都存在一定程度的失真。2008 年初，受自然气候和食品价格周期等因素影响，CPI 曾一度创下 1996 年以来的新高，达到 8%左右。中国人民银行随后采取了一系列紧缩性货币政策，2008 年 3 月后我国 CPI逐步回落，至 12 月降低到只有 1.2%。随着货币紧缩时滞影响的逐渐显现，2009 年 1 月 CPI 下降到 1%，紧接着 2—10 月出现了连续负增长。2010 年后物价又重启上涨趋势，至 2010 年 11 月再次上升达到 5.1%。2011 年后，由于我国整体货币环境趋于宽松，一路飙升的食品类价格带动了居民消费价格的不断攀升，7 月食品类价格同比平均涨幅高达 11.8%，而同期 CPI 增幅也达到 6.5%的水平。2012 年后食品价格增长速度过快的趋势暂时得到遏制，CPI 增速也呈现出下降趋势。2013 年 CPI 基本保持在较低水平，徘徊于 2%~3%。2013 年下半年以来，前期过度刺激政策的负面效应逐渐显现，经济增速开始缓步下滑，而消费价格水平亦出现下降趋势，推动 2014 年 CPI 落入 0~1% 的区间。值得注意的是，2015 年间，CPI 受猪肉等食品的价格上涨拉动，在 6 月、7 月一度"回光返照"，但结合当期依然保持下跌态势的 PPI 来看，我国深层次经济问题仍然存在，之所以出现 CPI 与 PPI 相背离的现象，可能正是因为 CPI 难以准确反映通货膨胀。结合公布的 CPI 历史数据，我们不难发现 CPI 具有一定波动性，且其受食品价格影响明显，在这一背景下 CPI 未来走势的不确定性相对较高，而以 CPI 为主要参考指标的我国宏观调控当局难以合理施策，稍有不慎就很有可能导致调控结果与预期目标不一致。中国经济进入新常态后，各种影响因素错综复杂、相互交织，导致 CPI 波动的规律性有所降低，中国人民银行的物价调控面临巨大挑战。

从 CPI 指数统计的特点来看，其波动较大的原因往往是多方面的。一方面，成分价格指标数据的获取和统计过程比较复杂，由于统计商品种类比较广，统计过程中难免会有一些人为原因引起的误差。另一方面，高权重成分价格指标在很大程度上影响着 CPI 的波动。食品价格、能源价格经常受到诸如恶劣气候、OPEC 减产等不确定性较高的短期供给冲击影响而大幅波动，而同时它们在 CPI中所占权重相对较大，因此它们的短期波动往往成为 CPI 频繁波动的重要原因之一。在我国居民消费价格指数的 8 项成分价格指数中，食品类指数所占的权重最大，但同时受不确定性因素影响也最大，使得食品很容易产生波动而形成对 CPI 的噪声干扰。事实上，引起波动的冲击往往是暂时性、局部性的，比较典型的是 2007 年后出现的食品价格大幅上涨，特别是猪肉价格的上涨，在其推动下 CPI 不断攀高，导致很多人判断我国进入了高通货膨胀期。然而若将能源价格和食品价格的成分从 CPI 中扣除，不难发现这一阶段其他价格水平仍然在安全范围之内，因此这种上涨优势存在一定的误导性。实际上，此后随着食品价格逐步回落，CPI 也出现了大幅下降。考虑到 CPI 是货币政策当局关注的主要指标之一，这种误导性波动可能引起货币政策当局对宏观经济形势产生误判，进而导致宏观调控决策失误，最终产生难以估量的严重影响。

鉴于 CPI 存在以上罗列的种种缺陷，在我国经济发展进入新时代的背景下，为确保经济转型与产业升级的顺利推进，必须提高通胀锚定指标 CPI 测度实际通货膨胀的准确性。为此，我们认为有必要汲取国际上的先进经验，基于科学合理的方法修正 CPI 中各成分价格指标的权重。

纵览国内外学术界与实务界的实践经历，我们发现较传统的 CPI 修正方法为剔除法，即直接剔除部分高波动价格成分，然而这种方法必然会造成经济信息的损失，从而削弱所构建价格指数在反映通货膨胀水平方面的全面性，因此本章决定在不改变 CPI 原有信息容量的基础上，通过调整各类成分价格指标所占权重实现物价指数修正。进一步地，若将 CPI 权重修正问题近似看作数学最优解求解，对权重所有假设空间进行遍历，则由于通胀目标指数的基本要求是反映长期通货膨胀趋势，我们可将成分价格指数权重优化问题理解为同时追求长期中趋势偏离最小与短期中成分价格指标波动影响最小的目标函数。鉴于此，本章将基于这一目标函数形式，运用蒙特卡洛模拟方法对 CPI 权重进行随机化处理，进而通过拟合残差的分布情况寻找权重问题的解集，以全新的研究思路与研究方法实现 CPI 权重修正。

第二节　CPI 结构特征：基于成分指标动态波动状况的分析

本节主要研究 CPI 各类成分价格指标波动对 CPI 的影响，进而对各成分价格指标所蕴含的信息进行研判。为了分别研判 CPI 各类成分价格指标的动态波动状况，本节借鉴了剔除法的思想，通过分别将剔除了各类成分价格指标后形成的新构 CPI 与原始 CPI 进行比较，从成分指标动态特征角度初步判断 CPI 的结构特征。

一、各成分价格指标相关关系检验

本节选择的数据为 CPI，CPI 构成中的食品、烟酒及用品、衣着、家庭设备用品及维修服务、医疗保健和个人用品、交通和通信、娱乐教育文化用品及服务、居住共八项商品或服务所对应成分价格指数的同比数据，并以 2002 年 12 月为基期（100），将上述指标转化为定基比，样本区间设定为 2003 年 1 月至 2014 年 12 月（共计 144 个样本）①。上述所有原始数据均来源于中经网数据库。

在基于各成分价格指标动态波动性研判 CPI 结构特征之前，有必要对于 CPI 构成中各成分价格指标间的内在联系有较清楚的认识。因此，本部分将 CPI 与各成分价格指标两两之间的相关关系加以分析，其相关系数矩阵见表 2.1。

表 2.1　　　　　　　　　CPI 与各成分价格指标相关系数矩阵

变量	CPI	食品价格	烟酒用品价格	衣着价格	家庭设备价格	医疗保健价格	交通通信价格	娱乐教育价格	居住价格
CPI	1.00	0.98	0.97	0.95	−0.03	0.94	0.95	−0.84	0.44
食品价格	0.98	1.00	0.99	0.99	0.05	0.97	0.98	−0.82	0.41
烟酒用品价格	0.97	0.99	1.00	0.98	0.00	0.97	0.98	−0.85	0.34
衣着价格	0.95	0.99	0.98	1.00	0.10	0.98	0.99	−0.80	0.38
家庭设备用品价格	−0.03	0.05	0.00	0.10	1.00	0.14	0.08	0.41	0.38
医疗保健价格	0.94	0.97	0.97	0.98	0.14	1.00	0.97	−0.76	0.33
交通通信价格	0.95	0.98	0.98	0.99	0.08	0.97	1.00	−0.82	0.31
娱乐教育价格	−0.84	−0.82	−0.85	−0.80	0.41	−0.76	−0.82	1.00	−0.12
居住价格	0.44	0.41	0.34	0.38	0.38	0.33	0.31	−0.12	1.00

通过相关系数矩阵可以看出，CPI 与食品、烟酒及用品、衣着、医疗保健和

---

①　为表格美观，在本章表格中将食品、烟酒及用品、衣着、家庭设备用品及维修服务、医疗保健和个人用品、交通和通信、娱乐教育文化用品及服务、居住这八类商品或服务的价格分别简化表示为食品价格、烟酒用品价格、衣着价格、家庭设备价格、医疗保健价格、交通通信价格、娱乐教育价格与居住价格。

个人用品、交通和通信的价格之间的相关关系系数均超过了 0.9，说明其之间存在较强的正相关关系；与家庭设备用品及维修服务价格的相关关系只有 - 0.03，即两者间基本不存在相关关系，因此家庭设备用品及维修服务的价格变化对 CPI 指数影响较弱；与居住价格指数不存在明显的正相关关系，而与娱乐教育文化用品及服务价格指数存在较为明显的负相关关系。事实上，家庭设备用品及维修服务、居住的价格都与居民生活密切相关，而现行的 CPI 对两者的变化都不敏感，这有可能是导致居民感受到的生活成本变化程度与 CPI 指数所反映的物价状况不一致的原因之一。进一步地，我们发现在 CPI 中占据较大权重的食品价格，与烟酒及用品、衣着、医疗保健和个人用品、交通和通信的价格之间存在明显的正向变动趋势，其中与烟酒及用品、衣着的价格变动相关关系达到 0.99，表明当食品价格发生短期波动时，烟酒及用品、衣着的价格往往也会发生类似变化，直观来看这三者在 CPI 中的总权重超过 40%，它们的协同波动对 CPI 具有较强的影响力；而如果将与食品价格的相关系数在 0.97 以上的医疗保健和个人用品、交通和通信的价格也考虑进来，与食品价格波动密切相关的商品价格所占的比重将达到 60% 左右，这些价格之间的联动效应将进一步增强，CPI 很容易受其影响发生同方向变动。从某种程度上说，这也是食品价格与 CPI 间相关系数高达 0.98 的原因。与此同时，娱乐教育文化用品及服务的价格除了与家庭设备用品及维修服务的价格之间存在弱正相关关系外，与其他成分价格指数之间都存在或多或少的负相关关系，这表明了相对于物价水平，居民在娱乐教育文化方面支出的成本逐年下降，因而导致其价格下降，进而对冲了一部分 CPI 中其他产品价格的上涨。而考虑到娱乐教育在 CPI 中占比达到 13.75%，如果一个家庭在消费支出中娱乐教育文化占比较小，其真实感受到的通货膨胀也可能高于 CPI。

二、各成分价格指标动态波动状况分析

CPI 结构中各成分价格指标之间的相互关系可以在一定程度上解释现行 CPI 存在的一些问题，但具体到某一成分指数的特点，还需要进一步研究。本部分按照剔除法思路，分别剔除各类成分价格指标以重新构建 CPI 指数，并观测重构其动态波动状况以反向分析被剔除的成分价格指标对 CPI 的影响。

由于 CPI 的构成为 $CPI = \sum_{i=1}^{8} \omega_i p_i$ ，ω_i 表示第 i 类产品的构成权重，p_i 代表第 i 类

产品的价格指数，可将上式改写为 $CPI = \sum_{i=1}^{8} \omega_i (100 + \Delta p_i) = \sum_{i=1}^{7} \omega_i (100 + \Delta p_i) +$

$100 + \Delta p_j$ ，j 表示第 j 个产品，通过依次假设 $\Delta p_j = 0$ 不变 $(j = 1, 2, \cdots, 8)$，重构

CPI，剔除第 j 类产品价格波动对物价指数的影响。

我国 CPI 权重指数"五年一大调，一年一小调"，在权重确认方面存在一定
困难，本节选择每次大调时间点的权重作为相应时期的参考权重，具体见
表 2.2。

表 2.2　　　　　　　　　我国 CPI 权重调整时间和权重值　　　　　　　单位：%

调整日期	食品价格	烟酒用品价格	衣着价格	家庭设备价格	医疗保健价格	交通通信价格	娱乐教育价格	居住价格
2001 年	34	4	9	6	10	10	14	13
2006 年	33.6	4.5	9	6.2	9.4	9.7	14.4	13.6
2011 年	31.79	3.49	8.52	5.64	9.64	9.95	13.75	17.22

数据来源：统计局公布报告、Wind 资讯。

确定各类产品的权重及区间后，剔除各类产品的价格波动，重构新的 CPI，
趋势如图 2.1 所示。

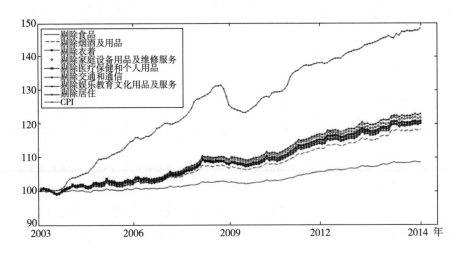

图 2.1　分别剔除各类成分价格指标后 CPI 趋势图

由图 2.1 可以看出，剔除了食品价格的 CPI 上涨速度最慢，而剔除了娱乐教育文化及服务价格的 CPI 上涨速度最快，图形结果与前文相关关系矩阵的分析结果一致。同时从剔除食品价格波动的 CPI 指数与剔除新构 CPI 指数价格指数之间的差距中也可以看出，虽然剔除某一成分价格指标的波动信息会使波动率下降，但也有可能引起量纲上的变化，这部分信息的损失在短期内可能不显著，但在较长的时间轴上将会变得非常明显。为了更好地量化不同成分价格波动对 CPI 的影响，在选取合适的计量模型对各类价格指标的动态波动进行拟合之前应首先对变量的平稳性进行检验，基于 ADF 检验方法的数据平稳性分析结果见表 2.3。

表 2.3　　　　　　　　CPI、成分价格指标及新构指数平稳性检验结果

变量名称			CPI			ΔCPI		
P 值			0.78 （－0.92）			0.00 （－6.29）		
变量 名称	食品价格	烟酒用品 价格	衣着价格	家庭设备 价格	医疗保健 价格	交通通信 价格	娱乐教育 价格	居住价格
P 值	0.97 （0.23）	0.90 （－0.43）	0.99 （0.90）	0.19 （－2.56）	0.99 （0.60）	0.85 （－0.64）	0.15 （－2.38）	0.12 （－2.51）
一阶差分 P 值	0.00 （－10.33）	0.00 （－10.08）	0.00 （－9.49）	0.72 （－1.09）	0.01 （－3.49）	0.00 （－6.38）	0.00 （－11.97）	0.52 （－1.53）
变量 名称	CPI－ 食品价格	CPI－ 烟酒用品 价格	CPI－ 衣着价格	CPI－ 家庭设备 价格	CPI－ 医疗保健 价格	CPI－ 交通通信 价格	CPI－ 娱乐教育 价格	CPI－ 居住价格
P 值	0.99 （0.97）	0.99 （0.85）	0.99 （0.57）	0.98 （0.45）	0.99 （0.49）	0.99 （0.65）	0.99 （0.60）	0.99 （0.76）
一阶差分 P 值	0.00 （－12.63）	0.00 （－11.64）	0.00 （－10.95）	0.00 （－10.87）	0.00 （－10.92）	0.00 （－10.82）	0.00 （－10.56）	0.00 （－9.54）

注：CPI－食品价格表示从 CPI 中剔除食品价格后得到的新构 CPI 指数，CPI－烟酒用品价格表示从 CPI 中剔除烟酒及用品价格得到的新构 CPI 指数，依次类推。

ADF 平稳性检验结果表明，除了家庭设备用品及维修服务和居住的价格之外，其他的商品价格都是一阶单整的，而重构的 CPI 指数全部是一阶单整的。由于 CPI 具有较强的通胀惯性，综合相关学者对通胀惯性方面的研究（Taylor，2000；Willis，2003；张成思，2008），本节选择 ARIMA 模型对 CPI 自身波动进行估计。

ARIMA 模型原理为

已知 y_t 是 d 阶单整序列，即 $y_t \sim I(d)$ ，则 $\omega_t = \Delta^d y_t = (1 - L)^d y_t$ ， ω_t 为平稳序列，可以对 ω_t 建立 ARMA（p, q）模型：

$$\omega_t = c + \phi_1 \omega_{t-1} + \cdots + \phi_p \omega_{t-p} + \varepsilon_t + \theta_1 \varepsilon_{t-1} + \cdots + \theta_q \varepsilon_{t-q} \qquad (2.1)$$

结合滞后算子式（2.1）可表示为

$$\Phi(L)\omega_t = c + \Theta(L)\varepsilon_t \qquad (2.2)$$

其中， $\Phi(L) = 1 - \phi_1 L - \phi_2 L^2 - \cdots - \phi_p L^p$ ， $\Theta(L) = 1 + \theta_1 L + \theta_2 L^2 + \cdots + \theta_q L^q$ ，通过 d 阶差分后变换为 ARMA(p,q) 即为 ARIMA(p,d,q) 模型。

为了避免由于模型形式产生估计结果偏差，本部分将选择 ARIMA(p,d,q) 模型形式作为比较的基准模型。在此之前，我们首先需要确定 ARMA(p,q) 的滞后阶，对现行 CPI 的自相关和偏相关进行检验，检验结果见表2.4。

表2.4　　　　　　　　　　CPI 自相关和偏相关检验结果

自相关	偏相关	序号	AC	PAC	Q – Stat	Prob
. | * * * * |	. | * * * * |	1	0.560	0.560	45.833	0.000
. | * * * |	. | . |	2	0.357	0.064	64.622	0.000
. | * |	* | . |	3	0.175	−0.070	69.172	0.000
. | . |	. | . |	4	0.071	−0.027	69.920	0.000
. | . |	. | . |	5	0.022	0.003	69.994	0.000
. | . |	* | . |	6	−0.063	−0.093	70.590	0.000
. | . |	. | * |	7	−0.005	0.099	70.594	0.000
* | . |	* | . |	8	−0.108	−0.162	72.398	0.000
* | . |	. | . |	9	−0.115	−0.020	74.439	0.000
. | . |	. | * |	10	−0.044	0.102	74.747	0.000

结合自相关图可以发现，自相关在 3 阶之后开始变得不明显，偏相关在 2 阶变得不明显。为了提高模型的拟合效果，本节进一步使用 AIC 准则和 SC 准则确认模型最后形式，结果见表2.5。

表2.5　　　　　　　　　　滞后阶数选择与 AIC 值和 SC 值

变量	$p = 2, q = 1$	$p = 2, q = 2$	$p = 3, q = 1$	$p = 3, q = 2$
AIC	1.4217	1.3931	1.4305	1.4446
SC	1.5054	1.4976	1.5355	1.5707

结合 AIC 和 SC 准则，最后确定适用的估计模型为 ARIMA（2，1，2），以此作为基准模型，对剔除各类成分价格指标后的新构 CPI 进行估计。模型的估计结果见表 2.6。

表 2.6   **CPI 及剔除成分指数 CPI 估计结果**

变量	AR（1）	AR（2）	MA（1）	MA（2）	C	F - stat	MSE（CV）
ΔCPI	1.6612 （16.258）	-0.7023 （-6.990）	-1.1745 （-8.3379）	0.1884 （1.3463）	0.3326 （13.582）	18.1699	0.1688 （0.5114）
ΔCPI - 食品价格	0.0543 （0.1728）	0.2673 （0.8553）	-0.0558 （-0.1807）	-0.3837 （-1.2494）	0.0627 （7.4249）	0.7597	0.0358 （0.1243）
ΔCPI - 烟酒用品价格	0.5319 （1.5930）	0.3823 （1.1674）	-0.5564 （-1.7151）	-0.4435 （-1.2378）	0.1475 （11.707）	1.7122	0.1214 （0.1715）
ΔCPI - 衣着价格	0.5548 （1.7347）	0.3274 （1.0449）	0.5290 （-1.7559）	-0.4706 （-1.4289）	0.1601 （15.559）	2.2005	0.1626 （1.1626）
ΔCPI - 家庭设备价格	0.6135 （1.9342）	0.2648 （0.8545）	0.5722 （-1.9254）	-0.4277 （-1.3105）	0.1714 （17.775）	2.5306	0.1763 （28.0121）
ΔCPI - 医疗保健价格	0.6701 （2.1464）	0.2326 （0.7609）	-0.6272 （-2.1159）	-0.3727 （-1.1375）	0.1658 （13.731）	2.1866	0.1657 （2.0427）
ΔCPI - 交通通信价格	1.7050 （102.267）	-0.9690 （-58.827）	-1.7175 （-100.867）	0.9585 （60.023）	0.1407 （4.7941）	5.1646	0.1669 （1.1231）
ΔCPI - 娱乐教育价格	0.7390 （2.1868）	0.1652 （0.5037）	0.6759 （-2.1105）	-0.3240 （-0.9261）	0.1846 （15.688）	2.3553	0.1430 （2.8012）
ΔCPI - 居住价格	1.3172 （4.0216）	0.3756 （-1.2114）	1.1492 （-3.3003）	0.1628 （0.4698）	0.1705 （13.164）	3.4279	0.1255 （2.8487）

上述模型可表述为

$$\omega_t = c + \phi_1\omega_{t-1} + \phi_2\omega_{t-2} + \theta_1\varepsilon_{t-1} + \theta_2\varepsilon_{t-2} + \varepsilon_t \tag{2.3}$$

用 ε_t 表示估计值与真实值之间的差值，代表 CPI 的意外扰动项，在整个样本区间内用均方误差（MSE）作为替代变量。从表 2.6 可以看出，剔除了食品价格波动后，均方误差下降高达 79%，而紧随其后的是剔除了烟酒及用品和居住价格波动的 CPI，均方误差也下降了 28%。不过考虑到剔除法有可能导致数据量纲发生改变，所以在 MSE 基础上增加变异系数（CV）以保证结论的稳健性。变异系数是一种不同量纲之间进行标准化的方法，其取值为标准差与均值之比，这里使用 MSE 代替标准差，代表意外波动程度相对均值的大小。通过变异系数标准化意外波动，可以看出剔除的成分价格指标对 CPI 意外波动的影响，如果新构指数的 CV 值大于 CPI 的 CV，表明剔除的商品价格信息具有平抑 CPI 意外波动的能力，而如果新构的 CV 值小于 CPI 的 CV，则表明剔除的商品价格信息具有增强 CPI 意外波动的效果。从变异系数的变化中可以看出，剔除食品价格、烟酒及用品价格可以大幅降低 CV 值，表明这两者的波动增强 CPI 自身的短期波动；与此相反的是，剔除了家庭设备用品及维修服务价格后新构指数的 CV 值出现较大的增幅，表明家庭设备用品及维修服务的价格波动低于 CPI，一定程度上起到了平滑 CPI 短期波动的作用。

三、代表性 CPI 成分价格指标动态波动状况的检验

前一部分指出以食品与烟酒及用品的价格为代表的 CPI 成分价格指标具有相对较高的波动性，这些成分价格指标与同其联动性较高的其他成分价格指标的短期性、暂时性波动往往成为诱发 CPI 产生预期外波动的主要原因。由此我们提出一大推论：通过从 CPI 中分离动态波动性较高的成分价格，可以大幅降低新构 CPI 的预期外波动。

为检验这一想法，我们运用原 CPI 与剔除高波动价格后的新构 CPI 分别对原始 CPI 进行预测，并观察两者预测精度的差异。考虑到相比于烟酒及用品价格，食品价格在 CPI 中占据的权重明显较高，我们将基于食品价格进行检验。具体而言，我们认为若剔除食品价格波动后，新构 CPI 对原始 CPI 预测精度反而有所提高，可以说明食品价格在一定程度上成为 CPI 的内源噪声干扰项。本节参照王宇等（2009）的方法，使用 BP 神经网络分别基于原始 CPI 与剔除食品价格后的新构 CPI 对原始 CPI 进行预测，而后将分别预测的结果重新加权计算 CPI 以观察预测精度变化状况。BP 神经网络是一种通过建立隐含层（神经元）函数对数据进行拟合和预测的方法，较多地被应用于数据分析、工程建模等方面，此处不再赘述其作用原理。本节使用 Matlab 中神经网络工具箱对数据进行拟合和预测，最终结果如图 2.2 所示。

从图 2.2 可以看出，分离食品价格后进行 CPI 预测所得误差要明显小于基于原始 CPI 预测所得误差。具体而言，使用神经网络获得原始 CPI 的均方误差

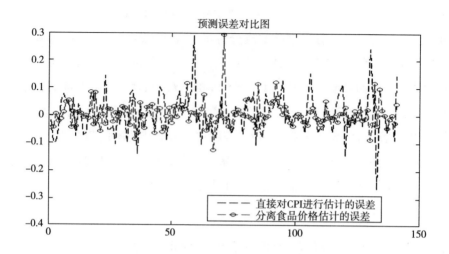

图2.2 分离食品价格与 CPI 预测误差比较

（MSE）为 0.1644，与 ARIMA 模型结果比较接近；使用剔除食品价格后的新构 CPI 进行估算得到的均方误差（MSE）为 0.1150，缩小了大约29%，预测精度得到了有效的提升。考虑到此处用到的原始 CPI 与新构 CPI 间只相差了食品价格成分，我们认为这一结果说明受气候、经济环境等因素影响，食品价格变化主要反映的是食品市场上暂时性、局部性的价格波动，因此将其剔除后得到的新构 CPI 能够更好地反映价格水平的长期性、全局性趋势，反而能够更准确地实现对 CPI 的预测。

第三节 CPI 结构特征：基于成分指标对外生冲击反应情况的分析

上一节内容主要基于成分价格指标动态波动状况的视角，探究了 CPI 的结构特征。然而，在实际经济活动中，CPI 还往往受到经济形势变化、货币政策调整等多种因素的影响，各类成分价格指标对外生冲击的响应情况可以从另一个角度反映 CPI 的结构特征。具体地，本节使用符号约束的贝叶斯向量自回归模型识别供求关系变化和货币政策调整对 CPI 的影响，并基于价格型货币政策视角与数量型货币政策视角，通过比较原始 CPI 与分别剔除各类成分价格指标所得新构 CPI 对外生冲击的响应情况，进一步研判 CPI 的结构特征。

一、贝叶斯向量自回归模型与符号约束

（一）贝叶斯向量自回归模型

贝叶斯统计学派由著名的贝叶斯公式发展而来，并且随着计算机技术的不断发展得到越来越广泛的应用。其基本的思想是通过贝叶斯公式求解后验分布进行参数估计：

$$P(\theta|X) = \frac{P(\theta)P(X|\theta)}{P(X)} \tag{2.4}$$

其中，θ 代表待估参数，X 代表样本，$P(\theta|X)$ 为后验分布，$P(X|\theta)$ 为先验分布，先验分布可由经验或者先验信息获得。对后验分布进行估计时，通过 MCMC 等计算机模拟方法，可以得到相应的 $P(\theta|X)$，利用最大似然比值等统计值推算待估参数 θ 的值。贝叶斯向量自回归模型是结合了贝叶斯统计的向量自回归扩展模型，自出现以来已经被广泛地应用在建模和预测等领域，相比于传统的向量自回归模型有更准确的精度，特别是在短期预测方面。Litterman（1986）较早地建立起完整的贝叶斯向量自回归模型体系，使用一种简单的方法解决向量自回归的模型约束问题，克服了传统向量自回归模型中过度的零约束及待估参数过多等问题。由于贝叶斯估计结果根据先验信息进行模拟，在先验信息合理的前提下能够较好地应对突发事件的冲击，因而使贝叶斯向量自回归模型可以得到较为稳定的结果。除此之外，在多参数估计问题中，可以通过贝叶斯公式的转换，将后验分布的估计集中在最关心的参数上，因此处理多余参数的方法也比经典方法要方便。

（二）符号约束矩阵

Quah 和 Vahey（1995）使用二变量的 SVAR 模型识别了供给冲击和货币政策冲击对 CPI 的影响，在识别方式上使用了结构冲击约束矩阵：

$$u_t = Ae_t \tag{2.5}$$

其中，$u_t = (\Delta gdp, \Delta\pi)'$ 代表结构冲击，$e_t = (e^s, e^m)'$ 代表不可识别的供给冲击和货币政策冲击。虽然 e_t 在 VAR 模型中不可识别，但通过约束矩阵 A 可以得到相应的 Cholesky 分解矩阵，进而识别 u_t 对 e_t 的冲击响应。这种约束方法最早由

Sims（1980）提出，但是由于 A 矩阵的要求是半角矩阵，约束条件必须满足 $m(m-1)/2$ 个，面对多变量问题常常找不到足够多的约束条件。另外一方面，Cholesky 分解依赖于 A 矩阵，而 Canova（2002）指出 Cholesky 分解的短期约束相当于零约束，这种约束可能会导致冲击结果与经济理论不相符。为解决这一问题，一些学者开始在 A 矩阵中设置质量信息与数量信息相结合的约束条件，即符号约束。符号约束矩阵最早由 Uhlig（1997）提出，紧接着 Uhlig（2005）结合贝叶斯估计对符号约束矩阵进行了阐述，并且有效识别了货币政策冲击对产出的影响；Mountford 和 Uhlig（2009）识别了财政政策冲击的影响；Dedola 和 Neri（2007）等识别技术冲击对经济的影响；Baumeister 和 Hamilton（2015）通过对 SVAR 约束矩阵的先验设置改进了符号约束模型。本章参照 Uhlig（2005）的做法，具体步骤如下：

首先对 VAR 模型的系数矩阵 B 和方差协方差矩阵 u_t 进行最大似然估计，估计结果为：

$$\hat{B} = (X'X)^{-1}X'Y \tag{2.6}$$

$$\hat{\sum} = \frac{1}{T}(Y - X\hat{B}) \tag{2.7}$$

$\hat{B}$ 和 $\hat{\sum}$ 分别代表了系数矩阵 B 和方差协方差矩阵 u_t 的估计。然后，以最大似然估计结果作为贝叶斯向量自回归模型的先验信息，在服从 Normal – Wishart（$\hat{B}$，$\hat{\sum}$）分布中进行贝叶斯抽取，每一次抽取产生一个随机系数矩阵和方差协方差矩阵，对于给定冲击向量，可以得到相应的脉冲响应结果。由于对脉冲响应的符号进行了限制，因此对于脉冲响应方向与经济理论不符合的结果构造一定的惩罚函数，通过惩罚函数最小化获得合适的脉冲响应结果。最终通过多次反复的贝叶斯抽取，得到对各种冲击脉冲响应的概率分布图，取 16 分位数和 84 分位数作为冲击响应函数的下界和上界。[①]

考虑到贝叶斯向量自回归模型相比于传统向量自回归模型具有一定优越性，

---

① 更为详细的算法过程参见 Uhlig（2005）。

同时符号约束的引入有助于提高实证估计结果与经济理论间的契合程度，因此本节选择 Uhlig（2005）提出的符号约束方法，基于贝叶斯向量自回归模型估计并分析原始 CPI 与各类新构 CPI 对供需变化、价格型货币政策、数量型货币政策等外生冲击的脉冲响应，并据此进一步研判 CPI 的结构特征。

二、数据选取和约束矩阵设置

CPI 依然参照前文数据及处理方法，包括了原始 CPI 数据及分离了各成分商品价格波动的 CPI 指数。由于我国既使用数量型货币政策工具进行宏观调控，也使用价格型货币政策工具进行市场指导，所以选择 M_2 同比增速和银行 7 天期同业拆借加权平均利率作为货币政策指标的代理变量；与此同时考虑经济环境的变化也会对 CPI 产生一定的影响作用，而 GDP 只有季度数据没有月度数据，参照标准文献方法，采用规模以上工业企业增加值月度同比实际增速作为代理变量，以上数据全部摘自中经网数据库。Normal – Wishart 分布的贝叶斯估计不需要对数据平稳性做出要求，所以除 CPI 做一阶差分代表 CPI 变化外，其他变量不做处理。VAR 模型形式为

$$\Phi(L)Y_t = e_t \tag{2.8}$$

其中，$\Phi(L) = 1 - B_1 L - B_2 L^2 - \cdots - B_p L^p$ 代表滞后算子，本节滞后阶选择 $L = 4$。$Y_t = (\Delta gdp, \Delta cpi, r)'$ 中 Δgdp 代表经济增长，Δcpi 代表通货膨胀，r 为利率代表货币政策。由于我国不仅使用价格型货币政策，也使用数量型货币政策，所以货币政策冲击将分为价格型与数量型两部分估计，即 $Y_t' = (\Delta gdp, \Delta cpi, \Delta m_2)'$，$\Delta m_2$ 表示 M_2 增速。$e_t = (e^s, e^d, e^M)'$ 代表不可识别的扰动项，其中 e^s 代表供给冲击，e^d 代表需求冲击，e^M 代表货币政策冲击。由于 SVAR 模型可以表示为 $C(L)Y_t = u_t$ 形式，u_t 为结构冲击，所以 $u_t = C(L)\Phi(L)^{-1} e_t = A e_t$，通过对 A 矩阵进行约束，可以将 e_t 在结构冲击中识别出来，符号约束即限制了 A 矩阵对应位置的冲击方向。货币政策可能为扩张型也可能为紧缩型，为了避免冲击方向不一致导致约束矩阵符号混乱，需要对不可识别的冲击进行标准化，即假设供给冲击和需求冲击为正，货币政策冲击为扩张型货币政策冲击，表 2.7 展示了相应冲击的具体约束情况。

表 2.7   识别冲击的符号约束条件

	经济增长（Δgdp）	通货膨胀（Δcpi）	价格型货币政策（r）	数量型货币政策（Δm_2）
需求冲击（e^s）	+	+	+	
供给冲击（e^d）	+	−		
货币政策冲击（e^M）	+	+	−	+

遵循上述约束条件，对于包含价格型货币政策的结构冲击 u_t，$Y_t = (\Delta gdp,$ $\Delta cpi, r)'$，A 矩阵符号约束条件设置为

$$u_t = \begin{bmatrix} + & + & + \\ + & - & + \\ + & + & - \end{bmatrix} e_t \tag{2.9}$$

0 代表无约束条件，对于包含数量型货币政策的结构冲击 u_t'，$u_t' = (\Delta gdp,$ $\Delta cpi, \Delta m_2)'$，A 矩阵符合约束条件设置为

$$u_t' = \begin{bmatrix} + & + & + \\ + & + & + \\ 0 & 0 & + \end{bmatrix} e_t \tag{2.10}$$

三、脉冲响应分析

在符号约束的基础上，进行蒙特卡洛抽样，并将满足符号约束条件的前 1000 次脉冲响应结果作为估计结果，参照 Uhlig（2005）方法，估计的中位数作为期望值，并将 16 分位数和 84 分位数作为估计的下界和上界[①]，具体结果见图 2.3 和图 2.4。

从图 2.3 和图 2.4 中可以看出，在考虑不同的货币政策工具进行调控时，CPI 对供求关系变化的敏感程度略有差别：仅仅考虑价格型工具进行调控时，CPI 对于需求冲击的反应更强，但价格型工具对于这种冲击的逆向调控能力并不强，因此如果单纯使用价格型货币工具对通货膨胀进行调控，在面对需求推动型的通货膨胀调控能力可能较弱；仅仅考虑数量型价格工具进行调控时，虽然在一定时期内可以在短期覆盖由于供给冲击产生的影响，但在长期这种影响不

---

① 使用 Matlab 进行估计，代码根据 Baumeister（2014）提供的相关教材修改，此处不再赘述。

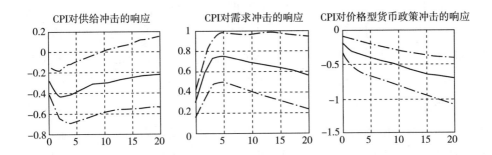

图 2.3　CPI 对供需关系变化及价格型货币政策冲击的脉冲响应

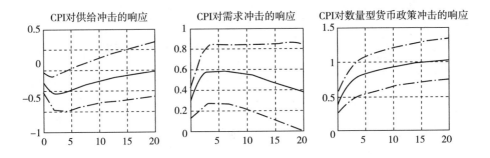

图 2.4　CPI 对供需关系变化及数量型货币政策冲击的脉冲响应

仅具有较长的滞后期，同时这种数量型调控引起的偏离值也远大于供给冲击引起的偏离值，这种累计偏差在长期中会使 CPI 不断走高。因此在央行进行货币政策工具选择时，面对供给冲击引起的 CPI 波动，应当审慎使用数量型货币政策，避免带来通货膨胀的压力，同时在向价格型货币政策工具进行转型时也不应急于求成，应当搭配使用数量型货币政策工具与价格型货币政策工具，以达到更好的货币政策效果。货币政策应当对整个社会的供求关系进行反映，因此更需要关注 CPI 对供求关系的响应情况，从图 2.3 和图 2.4 中可以明显看出，不管是在价格型货币政策视角下还是数量型货币政策视角下，现行的 CPI 对供求关系的脉冲响应并不平衡。在冲击大小相同的条件下，CPI 对需求冲击的反应明显要高一些，而对供给冲击的反应要低一些。因此，如果单纯以 CPI 作为通胀调控目标，带来的潜在影响可能就是容易对需求冲击过度反应，但却对供给冲击反应较为迟缓。不仅如此，在同时存在供给冲击和需求冲击时，CPI 对需求冲击的响应更高会掩盖供给冲击的效果，2015 年 CPI 受猪肉供求关系变化而上涨时，PPI 却持续走低的现象正印证了这种想法，这种情况就可能导致央行对供给冲击的反应变得相对迟缓，同时也为央行货币政策的选择带来一定的干扰。为了解决上述所提到的问题，进行 CPI 权重修正就显得非常有必要。而在权重修正之前，有必要首先形成对 CPI 结构特征的准确认识。鉴于此，我们遵循前文的分析思路，通过依次剔除不同成分价格构造新的 CPI 指数，运用符号约束贝叶斯向量自回归模型的脉冲响应分析，基于价格型货币政策视角与数量型货币政策视角探究各类成分价格指标对外生冲击的响应程度。我们所得到的脉冲响应如图 2.5 所示。

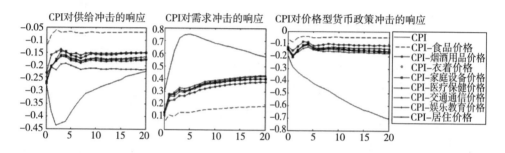

注：为了不使图形过于复杂，这里仅选择中位数进行汇报。

图 2.5　原始 CPI 与新构 CPI 对供需变化及价格型货币政策冲击的脉冲响应

首先我们分析原始 CPI 与分别剔除八大类成分价格的新构 CPI 在价格型货币政策视角下的脉冲响应图。从图 2.5 中可以看出，剔除了食品价格后的 CPI 对需求冲击反应明显降低了，而剔除其他成分价格指标也使 CPI 对需求冲击反应都出现了或多或少的下降，但彼此之间并没有产生特别大的差异。虽然剔除各成分指数依然没有彻底改变 CPI 对需求冲击反应高于对供给冲击的反应，但是剔除不同成分价格指数后确实改变了两者之差，说明通过 CPI 权重结构的调整可以适当平衡 CPI 对供需冲击反应不平衡的问题。同时，剔除不同商品价格后，新构 CPI 对供给冲击和需求冲击的响应不仅在量纲上发生变化，在响应结构上也发生了改变，包括响应变化的方向等。这表明剔除的商品价格波动中可能含有一些关键信息，而这些信息会改变 CPI 的脉冲响应过程。与此同时，由于受到量纲变化影响，CPI 对价格型货币政策反应的总体程度下降，但响应的时间更短，在 2 期就达到了峰值，说明不同构成的 CPI 对价格型货币政策的反应时间不一样。剔除了食品价格后，CPI 对供给冲击和需求冲击的反应都明显下降，但对货币政策响应也显著下降，说明剔除食品价格波动虽然有效降低了 CPI 的波动性，但 CPI 在供求关系、货币政策有效性等方面的代表能力也出现了下降。数量型货币政策视角下的脉冲响应如图 2.6 所示。

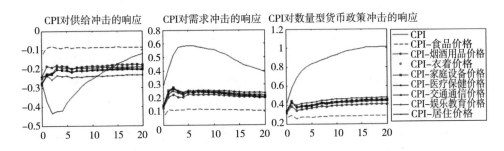

图 2.6　原始 CPI 与新构 CPI 对供需变化及数量型货币政策冲击的脉冲响应

在数量型货币政策视角下，通过剔除不同成分价格指标，CPI 对供需冲击的脉冲响应得到了一定程度的平衡，同时在较长时期内 CPI 指数对货币政策响应滞后性过长的问题也得到一定程度的缓解。但不管是在价格型货币政策冲击还是在数量型货币政策冲击下，剔除部分成分价格指标后新构 CPI 的响应函数亦会发生明显变化，其中深层次的原因可能是由于目前 CPI 结构中惯性较强、波动性较大的成分价格指标如食品价格等所占权重过大，其较强的波动性导致 CPI 对不同冲击响应不一致。而另一方面，这些成分价格指标的波动可能还带有一些漂移随机游走特征，所以剔除不同的成分价格指标后响应特征均发生了较为明显的改变。对于各类成分价格指标，其随机游走过程中如果含有趋势项，在长期中，这种随机游走过程可能会带来成分价格指数的趋势变化，因此在剔除其价格波动的同时，也剔除了这种趋势。而趋势的剔除可能带来 CPI 指数结构性的变化，这种变化在短期内也许不明显，但在长期中可能会使 CPI 对供需冲击和货币政策冲击的响应发生改变。

综上所述，本节基于符号约束贝叶斯向量自回归模型，估计原始 CPI 与新构 CPI 对供需变化、价格型货币政策与数量型货币政策等外生冲击的脉冲响应，从另一个角度剖析了 CPI 的结构特征。研究发现，对 CPI 中各类成分价格指标的剔除不仅改变了其对供需冲击反应的不平衡性，同时也调整了其对不同货币政策工具的反应程度，因此对 CPI 自身进行合理有效的权重修正可以在一定程度上完善 CPI 对外生冲击的响应机制。

第四节 中国 CPI 权重的修正

在第三节的分析中，我们发现剔除不同成分价格指标不仅改变了原有 CPI 对供需冲击反应的不平衡性，同时也调整了其对不同货币政策工具的反应程度。鉴于此，我们认为对现行 CPI 指数进行权重修正是有现实意义的。考虑到 CPI 修正的最终目标是让修正后的 CPI 指数能够最大可能地反映出供求关系的长期趋势，而前文的分析发现剔除不同成分价格指标后，CPI 的脉冲响应结果发生了比较明显的结构变化，剔除的商品价格是否含有不可忽视的信息成为 CPI 权重修正时必须要考虑的因素。

一、分类商品价格随机游走过程

为识别分类商品价格是否含有结构变化信息，需要从各类商品价格中分离长期趋势与短期波动。由于动态因子模型可以从不同分类商品的价格走势中提取长期趋势，我们基于这一模型分离长期趋势与短期波动，其具体形式可表示为

$$p_{it} = \pi_t + u_{it} \tag{2.11}$$

$$\psi(L)\pi_{it} = \delta + \zeta_t \tag{2.12}$$

$$\Theta(L)u_{it} = \eta_t \tag{2.13}$$

其中，L 是滞后因子，$\psi(L)$ 和 $\Theta(L)$ 为滞后多项式，第 i 类商品价格指数可以被分为长期趋势部分 π_t 和自身波动部分 u_{it}，而这两者都服从一定的自回归过程。在此基础上，由于 CPI 指数是各类商品价格的加权之和，即

$$CPI_t = \sum_{i=1}^{8} \omega_i p_{it} = \sum_{i=1}^{8} \omega_i \pi_t + \sum_{i=1}^{8} \omega_i u_{it} \tag{2.14}$$

由于权重之和 $\sum_{i=1}^{8} \omega_i = 1$，故将式（2.14）化简为

$$CPI_t = \pi_t + \sum_{i=1}^{8} \omega_i u_{it} \tag{2.15}$$

要想使 CPI 尽可能接近长期趋势，同时尽可能降低短期内分类商品价格的干扰，即对于

$$\Delta CPI_t = \Delta \pi_t + \sum_{i=1}^{8} \omega_i \Delta u_{it} \qquad (2.16)$$

需要调整权重 ω_i 使得 $\sum_{i=1}^{8} \omega_i \Delta u_{it}$ 最小化。如果假设 $\Delta \pi_t$ 服从独立正态分布 $N(\mu_\pi,$ $\sigma_\pi^2)$，Δu_{it} 服从 $N(\mu_{ui}, \sigma_{ui}^2)$，则 ΔCPI_t 服从 $N(\mu_\pi + \sum \omega_i \mu_{ui}, \sigma_{CPI}^2)$，其中 σ_{CPI}^2 与权重 ω_i 及 i 类产品波动 σ_{ui}^2 有关，如果剔除 σ_{ui}^2 大的商品则 σ_{CPI}^2 波动会下降，ΔCPI_t 落在 $\mu_\pi + \sum \omega_i \mu_{ui}$ 附近的概率就会增大，得到的指数就越趋近于长期趋势，这也是剔除食品价格和能源价格等波动较大商品价格构建核心 CPI 的原因。但是这里需要注意的是，通过剔除 σ_{ui}^2 只能使 ΔCPI_t 落在 $\mu_\pi + \sum \omega_i \mu_{ui}$ 附近的概率增加，ΔCPI_t 与长期趋势 $\Delta \pi_t$ 之间依然存在着 $\sum \omega_i \mu_{ui}$ 大小的差值，如果 $\mu_{ui} = 0$，即 Δu_{it} 服从 $N(0, \sigma_{ui}^2)$ 的分布，那么通过最小化 σ_{CPI}^2 就可以得到最接近于通货膨胀长期趋势的核心 CPI；但如果 μ_{ui} 不为零，则意味着 u_{it} 并不服从零漂移随机游走过程，而有可能服从带漂移随机游走过程，那么仅仅通过最小化 σ_{CPI}^2 获得的核心通胀可能只能最小化波动，却在长期内导致了 CPI_t 与长期趋势 π_t 的偏离，而偏离距离即为 $\sum \omega_i \mu_{ui}$，这种偏离将会在长期中干扰央行货币政策的制定。对于发达国家来说，经济增速、消费能力变化速度均较缓慢，在较长时期内消费结构的变化速度较慢，所以商品价格波动 Δu_{it} 可能一直在 0 上下徘徊，因而通过剔除价格波动较大的商品可以得到近似于长期趋势的核心通胀；但对于我国这样的发展中国家来说，经济增长速度较快，消费能力和消费结构都有可能在短期内发生显著变化，因此在 CPI 权重修正过程中，需要考虑 u_{it} 服从带漂移随机游走过程的可能性。为了明确分类商品价格波动 u_{it} 是否服从零漂移随机游走过程，本节参照 Bryan 和 Cecchetti（1993）的方法构建了一个 AR（1）过程的状态空间模型，其中信号方程为

$$p_{it} = \pi_t + u_{it} \qquad (2.17)$$

其中，p_{it} 代表 CPI 第 i 类成分价格指数，π_t 代表通货膨胀长期趋势，u_{it} 则为第 i 类商品的价格波动。状态方程为

$$\pi_t = \beta_0 \pi_{t-1} + \varepsilon_t \qquad (2.18)$$

$$u_{it} = \beta_i u_{it-1} + \varepsilon_{it} \qquad (2.19)$$

π_t 和 u_{it} 假设为 AR（1）过程，ε 为残差。对于上述状态空间模型，使用卡尔曼滤波进行估计，得到 CPI 的长期趋势 π_t 和分类商品价格指数波动 u_{it}，如图 2.7 和图 2.8[①] 所示。

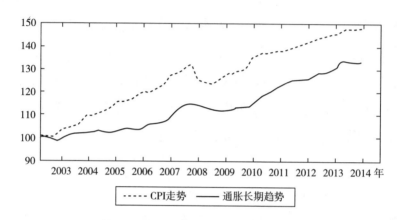

图 2.7　CPI 与通货膨胀长期趋势 π_t 比较

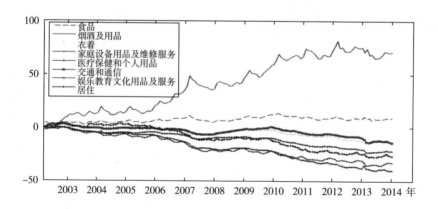

图 2.8　各分类价格指数波动 u_{it} 比较

从图 2.7 中可以看出，CPI 的实际走势与长期趋势基本一致，但随着时间的变化两者之间的差距也在不断变大，这一方面是由于样本期内 CPI 受食品价格、

———————

① 由于卡尔曼滤波是迭代算法，最终结果的前五组数据选择删除。

能源价格等成分价格影响而具有较高波动性，另一方面是因为 2008 年 CPI 的剧烈波动导致偏离基数扩大。而在图 2.8 中，烟酒及用品由于受政府控制，存在长期向上的趋势，这也解释了第二章中烟酒及用品权重较大时，CPI 的自身波动会增强的原因。其他分类商品价格除食品价格外，都具有比较明显的趋势性，为了证明这一过程是否带有漂移项，需要对分类商品价格波动的变化 Δu_{it} 做一个原假设为均值等于 0 的 Z 检验，如果接受原假设，则 u_{it} 不服从带漂移随机游走过程，反之则说明可能服从带漂移随机游走过程，检验结果见表 2.8。

表 2.8　　　　　　　　　分类商品价格波动均值为 0 的 Z 检验

Δu_{it}	食品价格	烟酒用品价格	衣着价格	家庭设备用品价格	医疗保健价格	交通通信价格	娱乐教育价格	居住价格
波动均值	0.057	0.473	−0.091	−0.216	−0.148	−0.096	−0.280	−0.191
CV	14.171	5.284	−4.351	−3.542	−2.284	−4.968	−1.980	−3.954
Z 检验	拒绝	拒绝	拒绝	拒绝	拒绝	拒绝	拒绝	拒绝

所有的 Δu_{it} 都没有通过均值为 0 的 Z 检验，从数据的特征上来看，波动性方面（此处以变异系数 CV 衡量），食品价格的波动性显著高于其他商品，但其他分类商品价格波动均值都不为零，甚至显著为负，这也从侧面解释了为何剔除食品价格波动后的 CPI 长期中明显低于剔除其他商品的波动。因此 u_{it} 肯定不符合零漂移随机游走过程，则 CPI_t 与长期趋势 π_t 之间会产生偏离距离 $\sum \omega_i \mu_{ui}$，由于 $\sum \omega_i \mu_{ui}$ 也受权重 ω_i 影响，CPI 的修正问题就需要从两个方面出发，一方面是其自身波动 σ^2_{CPI} 尽可能小，另一方面是令偏离距离 $\sum \omega_i \mu_{ui}$ 最小化，用数学语言描述为最小化求解过程：

$$s.t. \sum \omega_i = 1 \tag{2.20}$$

$$\min \sigma^2_{CPI}(\omega_i, \sigma^2_i) \tag{2.21}$$

$$\min \sum \omega_i \mu_{ui} \tag{2.22}$$

其中，ω_i 为第 i 类商品的权重，整体权重之和为 1。σ^2_{CPI} 表示 CPI 波动中受第 i 类商品价格影响的部分，在实际模拟中使用标准差代替，而 $\sum \omega_i \mu_{ui}$ 代表 CPI 实际值相较于长期趋势值的偏离。由于 ω_i 是分类商品权重的解集，面临的假设空间过大，使用一般最小化求解方法可能会陷入局部最优解，所以本节使用蒙特卡洛模拟方法，遍历 ω_i 假设空间，寻找全局最优解的合理范围值。

二、蒙特卡洛模拟

在进行蒙特卡洛模拟之前，需要给出 ω_i 的分布假设，由于 ω_i 的取值可以是 $(0, 1)$ 上任意一点，所以 ω_i 的分布假设为 $(0, 1)$ 上的均匀分布。但 ω_i 之间存在的限制条件，即所有权重加总之和为 1，因此如果单纯地设置 $(0, 1)$ 上的均匀分布可能会出现权重之和大于 1 的情况，因此这里需要做一些调整。具体而言，我们先在 $(0, 1)$ 均匀分布上获取 ω_i 的模拟数据，然后令 $\omega_i = \omega_i / \sum \omega_i$ 作为第 i 个商品的权重，进行 50 万次蒙特卡洛模拟。模拟的标准差 σ_{CPI} 和均值 $\sum \omega_i \mu_{ui}$ 分布见图 2.9。

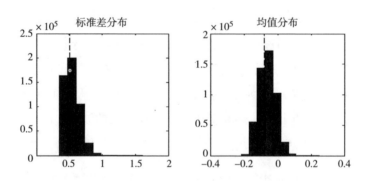

图 2.9 蒙特卡洛模拟标准差及均值分布

图 2.9 中虚线位置为现行 CPI 标准差和均值所处的位置，可以看出，原 CPI 权重下进行模拟所得标准差不是最低的，同时短期中 CPI 对于通胀趋势的反映也存在一定偏离。与此同时，为了观察采用一般方法即剔除食品价格后的 CPI，本章选择食品权重小于 0.01 的结果近似替代，其标准差和均值分布情况如图 2.10 所示。

显然，剔除食品价格的方法可以比较显著地降低 CPI 波动，但是偏离问题无法得到解决，因此直接剔除食品价格的修正方法带来的影响就是长期中 CPI 走势将会显著低于通货膨胀长期趋势（见图 2.11）。

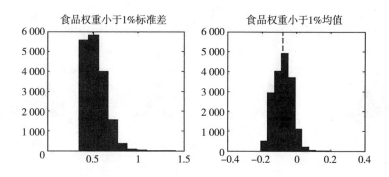

图 2.10 剔除食品价格波动标准差及均值分布

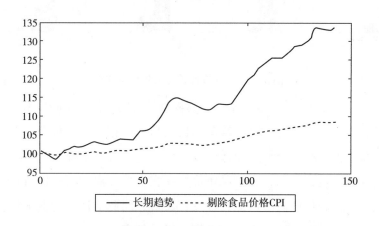

图 2.11 长期趋势与剔除食品价格 CPI 比较

为了解决这一问题，本章选择方差最小的前 1% 中，均值最接近 0 的前 1% 作为权重修正的参考解集，基于在短期中 CPI 波动最小与长期中偏离趋势程度最低为目标确定 CPI 最优权重。满足条件的权重分布情况如图 2.12 所示。

图 2.12 虚线位置标注了分类商品现在所对应的权重位置，表 2.9 给出了 CPI 成分价格指标的原始权重与最优权重。观察图 2.12，可见除了烟酒及用品和家庭设备用品及维修服务外，其他商品价格的权重分布都发生了比较明显的改变。结合表 2.9 与前几节的研究结论，我们做具体分析如下：第一，由于食品价格具有较高波动性，模拟结果中食品价格权重的下降是基于降低 CPI 波动性的考虑；第二，由于衣着、医疗保健、交通通信的价格与 CPI 具有较强的正

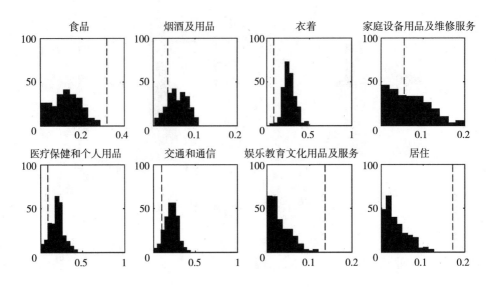

图 2.12　分类商品价格最优权重分布

相关性（见第二节），故计量技术提高其权重的目的可能在于降低 CPI 与长期趋势的偏离程度；第三，由于娱乐教育文化用品及服务价格在长期与 CPI 存在负向变动趋势，模拟结果给予其较低权重可以在一定程度上降低 CPI 与其长期趋势之间的偏离程度；第四，鉴于居住价格存在比较突出的周期性特征，其在长期中对通货膨胀趋势的反映可能存在一定失真，因此估计所得最优权重相较于此前有所下降。除此之外，我们发现除了娱乐教育文化用品及服务价格和居住价格的权重有右偏的特征，其他商品权重都或多或少具有一定的正态性，因此其均值具有一定的参考意义，可以在一定的置信区间下给出合理的调整范围。具体地，我们选择均值作为调整值，并给出一个标准差的调整范围，也列示于表 2.9。

表 2.9　　　　　　　　　　　　　　CPI 权重修正区间

变量	食品价格	烟酒用品价格	衣着价格	家庭设备用品价格	医疗保健价格	交通通信价格	娱乐教育价格	居住价格	$\sum \omega_i \mu_{ui}$ (σ_{CPI})
调整前权重	31.79%	3.49%	8.52%	5.64%	9.64%	9.95%	13.75%	17.22%	−0.081 (0.509)
调整后权重（std）	12.34% (6.74%)	5.73% (2.36%)	27.00% (6.86%)	6.81% (4.66%)	19.95% (8.10%)	21.48% (7.51%)	3.07% (2.49%)	3.63% (2.77%)	−0.071 (0.400)

　　表2.9 给出了调整权重的均值和标准差区间，可以在标准差范围内根据现实的情况对权重进行适当的调整，其中调整较大的是食品价格、娱乐教育价格和居住价格权重，它们的权重被分配给衣着价格、医疗保健和个人用品价格、交通和通信价格，这也在一定程度上能够反映出随着经济不断发展人们生活水平和支出结构的变化。在进行权重调整之后，我们基于修正后的 CPI 重新进行拟合，发现偏离距离绝对值从 0.081 下降到 0.071，虽然这一指标仅下降了约12%，但在长期这一进步也可以大大减少 CPI 实际值与其趋势值之间的偏离。与此同时，价格指数波动从 0.509 下降到了 0.4，降幅大约为20%，说明原 CPI 短期波动性过高的问题也得到了比较有效的抑制。具体地，可以从图 2.13 中更直观地看出上述结论。

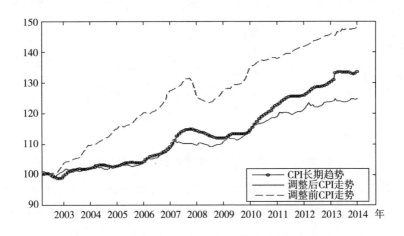

图 2.13　权重修正前后 CPI 与其长期趋势之间的对比

　　由图 2.13 不难看出，权重修正后 CPI 波动性明显下降，且其与长期趋势之间的偏离相较于之前也有所缩小，但我们应当注意的是，调整前的 CPI 中因为食品价格权重过大产生了相对于长期趋势的正向偏离，而当降低食品价格权重后 CPI 与长期趋势会产生负向偏离。鉴于此，若选择通过简单剔除食品价格和能源价格修正 CPI，所得 CPI 与长期趋势之间可能会存在更加明显的负向偏离，因此从这一角度而言，本节采用的物价指数修正方法相较于剔除法具有一定优势。

　　然而，我们同时也注意到，本节基于数理计量角度的修正方法主要关注于降低 CPI 波动性及其与长期趋势间的偏离，但并不一定能解决本章第三节中提到的供需冲击响应不平衡的现实问题。因此，我们进一步观察权重修正后的 CPI 对各类外生冲击的脉冲响应有何变化，具体结果见图 2.14。

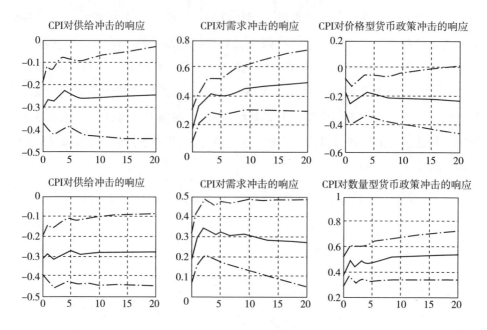

图 2.14　权重修正后 CPI 对外生冲击的脉冲响应

从脉冲响应图 2.14 中可以看出，权重修正有效缓解了 CPI 对供需冲击脉冲响应不平衡的问题。具体而言，在数量型货币政策调控视角下，权重修正后 CPI 对供给冲击的峰值与需求冲击产生的峰值基本持平，而价格型调控视角下供需冲击峰值差也出现了一定程度的下降。除此之外，不管是何种冲击，权重修正后 CPI 对其的脉冲响应都更加迅速，这说明权重修正后 CPI 在短期内对于供求变化和货币政策调控的反应都更加灵敏，有利于改善我国宏观调控政策效果。

第五节　结论与政策启示

通货膨胀是央行货币政策的重要调控目标，而 CPI 指数则是衡量通货膨胀的重要指标之一，因此 CPI 指数的质量将直接影响货币政策的选择和效果。从公布的 CPI 数据来看，受食品价格、能源价格等驱动，中国的 CPI 波动比较频繁，这给稳定物价的货币政策操作带来困扰和挑战。本章基于对 CPI 结构特征的剖析，对 CPI 的权重构成进行研究和修正，优化 CPI 衡量物价水平的精准程度。

　　本章首先基于成分价格指标动态波动状况及其对外生冲击反应情况的角度对 CPI 的结构特征进行剖析，研究发现：第一，分类商品中食品与烟酒及用品的价格波动性较高，且具有增强 CPI 自身波动的特点，而衣着、家庭设备及维修服务等商品的价格具有平抑 CPI 自身波动的特点；第二，从原始 CPI 对外生冲击的响应程度来看，CPI 对来自供给冲击和需求冲击的响应程度具有不对称性，CPI 对需求冲击的响应结果要高于对供给冲击的响应；第三，分别剔除 CPI 中各类成分价格指标后，新构 CPI 在对供需冲击反应的不平衡性与对不同货币政策工具的反应程度两方面均出现比较明显的改变。进一步地，我们应用动态因子模型方法分离 CPI 的长期趋势与短期价格波动，发现我国 CPI 分类指数并不服从零漂移随机游走过程，因此仅以降低 CPI 的波动性为目标进行 CPI 权重修正可能会带来 CPI 与长期趋势偏离的问题。鉴于此，为了使 CPI 更准确地反映通货膨胀长期趋势，基于降低新构 CPI 的波动性以及其偏离长期趋势程度的目标，本章采用蒙特卡洛模拟方法求解了 CPI 分类商品价格的权重解集，实证结果表明，权重修正后的 CPI 可以有效降低自身波动性以及其与长期趋势的偏离，并减少了对供求关系响应的不平衡性。

第三章

中国核心通货膨胀指数编制及检验

第一节　引言

经济发展新常态下，央行运用稳健中性的货币政策基本实现了物价平稳运行，CPI 连续 6 年在低位徘徊，为经济结构转型调整和增长动力转换接续营造了良好的外部环境。随着供给侧结构性改革的深入推进，经济呈现稳中向好局面，通胀表现与经济复苏态势之间开始出现背离，未来通胀前景存在较高不确定性，并由此增加央行货币政策影响的不确定性（中国人民银行货币政策分析小组，2018）。

关于导致通胀低迷的主要因素是暂时性因素还是趋势性因素，各方仍存在争议。一些观点认为，受劳动生产率低迷、全球价值链分工、人工智能蓬勃发展、全球性产能过剩等因素影响，低通胀可能成为趋势。更多研究则认为，当前的低通胀状态是暂时性的，中国依然面临较大的潜在通胀压力。物价变动根本上取决于经济基本面状况和供求的相对变化。从经济供给侧看，随着供给侧结构性改革的深入推进，"去产能"减少了社会总供给，产业结构向高端转型升级提升了产品附加值，多因叠加之下，企业部门价格水平出现上涨趋势。从经济需求侧看，居民消费意愿持续增强，2017年第四季度人民银行城镇储户问卷调查显示，倾向于"更多消费"的居民占26.2%，比上年同期上升3.1个百分点。从要素价格上看，一方面，近年来劳动报酬持续攀升：2007—2016年十年间城镇单位居民平均工资年均增幅达到10.6%，而到2020年，全面建成小康社会历史使命的实现还会使城乡居民收入进一步提高，比2010年翻一番。持续攀升的劳动要素价格存在引发工资推进型通胀螺旋的可能。另一方面，国际大宗商品价格回暖，国内企业进口商品的成本上升，输入性通胀隐忧仍存。从公众预期方面看，该问卷调查显示，未来物价预期指数为64.3%，比上季度提高3.1个百分点，处于近三年（2015—2017年）中的次高位，多数居民认为未来物价会"上升"或"基本不变"。

20世纪80年代后，各国的货币政策实践表明，多目标制货币政策未能有效维持经济和金融稳定，旨在平抑产出的逆周期调控政策反而导致物价波动进一步加剧。为此，1989年新西兰率先宣布实行以物价稳定为唯一目标的"通胀目标制"货币政策，随后诸多发达经济体也相继作出类似的制度安排。实行单一目标制的货币框架可以增加货币政策实施过程中的规范化和透明性，减小因动态不一致性带来的负面冲击。但是，当前各国中央银行普遍以CPI衡量物价水平变动，而实践和理论分析表明，盯住CPI难以实现真正的价格稳定。

其一，通货膨胀本质上是一种货币现象，即货币币值下降而引起的商品和服务价格持续、普遍、显著上涨的现象。而CPI着重于度量商品和劳务成本，无法充分体现通货膨胀的货币本质。其二，现阶段中国CPI的编制遵循以样本推断总体的总原则，代表商品的选择和权重的确定对CPI最终结果的影响较大。而食品和能源在CPI篮子中占据较大比重，这两类商品价格易受季节、国际政治等因素影响，短期中波动频繁、幅度较大，导致CPI在短期中可能出现大幅波动。据央行《货币政策执行报告（2017年第四季度）》，2017年非食品价格同比上涨2.3%，同期CPI仅上涨1.4%。出现差额的原因在于，蛋（-4%）、鲜菜（-8.1%）等农畜产品价格出现较大幅度下降，带动食品价格整体下降1.4%。其三，我国通胀形成机理近年来发生深刻变化。当前我国供给侧结构性改革持续推进、产业结构转型升级、需求结构向高端跃升，经济发展不平衡不充分成为制约经济高质量发展的最突出问题，而经济结构的不平衡会引起"结构性通货膨胀"，这已成为我国物价动态中最为突出的特征（伍戈和曹红钢，2014；伍戈和李斌，2013；张晓慧等，2010）。从统计数据上看，2017 年我国 CPI 延续了过去五年低位徘徊的走势，全年温和上涨 1.6%。与此同时，工业生产者出厂价格指数（PPI）同比上涨 6.3%，工业生产者购进价格指数（PPIRM）同比上涨 8.1%，央行监测的企业商品价格（CGPI）同比上涨亦达 6.8%，以三项指标衡量的生产价格增速均处于 2012—2017 年的最高位。CPI 与 PPI 等指标的增速差异反映了贸易品与非贸易品部门间的相对价格变化，即结构性通胀。CPI 既无法反映通货膨胀的货币本质和长期趋势，也不能消除通胀的结构性特征。

面对潜在的通胀压力和通胀机理的变化，央行需密切跟踪物价变动趋势，审时度势确定货币政策立场。在制定和调整货币政策过程中，中央银行真正关心的是通货膨胀的未来趋势变化，这就需要一个能够准确反映出通货膨胀长期趋势的通胀测度指标。回顾并归纳现有的研究文献，核心通货膨胀率是现有研究测度通货膨胀率方法中应用最为广泛且最为成熟的理论。因此，本章提出构建中国核心通货膨胀指数以修正现存的以 CPI 为基准的通胀测度指标体系。其原因在于，一方面，价格的名义刚性导致货币政策存在时滞，面对价格水平暂时性的上涨，如果货币政策对此作出反应，时滞效应会导致货币政策无效，抑或造成经济波动加剧。另一方面，货币政策并不具备结构调节功能，是一种总量调节政策，个别部门冲击导致的暂时性价格波动不应当是其影响因素的构成。货币政策应该仅对通货膨胀的"持续性"部分作出反应，这就需要构建一个能准确反映物价变动的长期趋势指标作为中央银行制定货币政策的参考依据。

具体地，本章首先从通货膨胀的定义出发，分析 CPI 作为通胀测度的局限性，进而阐明编制核心通货膨胀指数的必要性。随后，简述 SVAR 模型的基本原理，从剖析通货膨胀产生机理入手，基于新古典框架用数理方法推导一般价格水平（即核心通胀）与经济体产出水平、货币供给量、异质性商品价格在短期冲击下的偏离率之间的关系，为 SVAR 模型的变量选择提供理论依据。其次，在理论模型的基础上构建四变量 SVAR 模型估计中国核心通货膨胀指数，并对序列进行基本统计性质的检验，验证所构建的指标是核心通胀的有效测度。再次，对核心通货膨胀的货币政策含义进行分析，探析核心通胀指数在指引货币政策操作、预测未来价格运行等方面的作用，同时以此鉴别所得核心通胀指数的有效性。最后，根据前述分析结果提出相应的政策建议。

本章其他部分的结构安排如下：第二节为文献综述。本节较为系统地回顾与总结核心通货膨胀的定义，从经典通货膨胀理论出发，基于"持续性"和"普遍性"两类通胀定义对核心通货膨胀测度方法以及有效性检验相关文献进行综述。第三节为通货膨胀衡量指标的选择。本节首先分析通货膨胀的本质内涵；随后基于通货膨胀的定义分析现存主要的物价指数，指出 CPI 在测度中国通货膨胀中存在失真问题；最后从提高货币政策有效性视角出发，阐明编制核心通货膨胀指数的必要性。第四节为中国核心通货膨胀指数的构建及统计检验。本节首先简述 SVAR 模型估计核心通货膨胀指数的基本原理，并在新古典框架下利用数理方法推导一般价格水平变动率的表达式，借此探究核心通胀率与经济体产出增长率水平、货币供给增长率、异质性商品价格在短期冲击下的偏离率等变量之间的关系，为后文 SVAR 模型的变量选择提供经济理论基础。随后，本节构建包含 GDP、CPI、M_2 和食品价格在内的四变量 SVAR 模型，估计中国核心通货膨胀指数。最后，对核心通货膨胀指数进行基本统计性质分析。第五节为核心通胀指数的货币政策含义及指数有效性检验。本节分析构建得到的核心通胀指数在指导货币政策实践、预期未来通胀中的作用，以此阐明其货币政策含义，同时检验指数的有效性和适用性。第六节为本章内容总结，并针对核心通胀指数在中国货币政策实践中的应用提出政策建议。

第二节　文献综述

"核心通胀"的概念最早提出于 20 世纪 70 年代。其社会背景为，第四次中东战争引起石油危机，石油输出国组织将原油价格从每桶 3.011 美元提高到 10.651 美元，并由此引起美、日、欧等的成本推动型通货膨胀。为应对通胀，发达国家实行了紧缩的货币政策，但这未能遏制物价水平的上涨，反而导致了失业率的激增和产出的衰退，经济出现了"滞涨"现象。这引起了经济学界的反思，学界开始探讨货币政策是否应该对能源等暂时性外部价格冲击作出反应。学界最终达成普遍观点：货币政策不应对局部的、暂时的物价波动作出反应，而应该盯住物价指数中的趋势性、长期性成分。这一成分即以后所谓的"核心通胀指数"。

Eckstein（1981）最早提出"核心通胀指数"这一概念，他定义"核心通货膨胀"为"总供给价格的趋势性增长"，或者亦可称为"稳态的通货膨胀"。在制定和调整货币政策过程中，中央银行真正关心的是通货膨胀的未来趋势变化，因此，剔除了短期和部门异质性波动的核心通胀指数更适合充当央行货币决策的"操作指引"。其原因在于，一方面，价格的名义刚性导致货币政策存在时滞，因而对于价格水平的暂时性波动，货币政策不应作出反应，否则时滞效应将导致货币政策无效，甚至加剧波动（Friedman，1963）；另一方面，货币政策作为一种总量调节政策，并不具备结构调节功能，因而不应用于应对个别部门冲击导致的暂时性价格波动（Okun，1970）。

货币政策应该仅对通货膨胀的"持续性""普遍性"部分作出反应，这就有必要构建一个能真实反映物价变动长期趋势的经济指标，即核心通胀指数，以作为货币政策的参考依据。依据对核心通胀的两种不同界定方式——"持续性"和"普遍性"，核心通胀指数的构建也相应遵循两类范式。

国内外学者对核心通胀的定义、内涵及测度方法进行了大量的研究。核心通货膨胀理论在持续的研究中日益趋向成熟，但是，对已有文献进行理论综述可以发现，核心通货膨胀度量方法多达数十种。那么面对数量繁多的核心通货膨胀的度量方法，应该选择何种度量方法，或者说哪些度量方法是有效的，评价标准是什么，目前还存在很多争议。

通过对以往研究文献的归纳整理，本节采取综合 Roger（1998）以及侯成琪（2013）的分类方法，对核心通货膨胀的定义进行回顾和总结，从经典的通货膨胀理论出发，基于"持续性"和"普遍性"两种界定方式对核心通货膨胀的定义和度量方法进行归纳，并对度量方法的有效性检验的相关文献进行总结。

一、基于"普遍性"定义的研究综述

Okun（1970）和 Flemming（1976）认为，通货膨胀是商品价格的普遍性上涨，而非个别或某类商品价格的上涨。这一定义即核心通货膨胀的"普遍性"定义。货币政策作为重要的宏观调控方法，属于全局总量上的调节手段，在构成上并不具备结构性调节功能。因而，当货币政策在执行宏观调控职能时，面对不可控因素导致、部门特有的异质性冲击带来的价格上涨时，如果采取紧缩性货币政策去应对通货膨胀，则会因货币政策波及范围过广、政策效用过强而导致经济全面、普遍地紧缩。因此，货币政策的宏观调控应当关注于物价波动中的普遍性成分，即所有商品价格运动中的共同趋势成分，而不应被个别部门的价格变动所误导。

普遍性通货膨胀的定义是基于"核心通胀是标题通胀中的普遍性部分"这一界定，通过剔除由部门冲击因素导致的价格短期波动来构建核心通胀指数。基于普遍性通货膨胀定义的核心通货膨胀的度量方法可分为两类：基于波动性计算方法，主要包括剔除法、加权中位数法、截尾平均法；基于动态因子的计算方法。

（一）基于波动性的计算方法

剔除法（Wynne，1999）是目前使用最多的构建方法，已被包括我国在内的多国央行所采用，其基本思想是从 CPI 篮子中剔除食品、能源等易受非经济因素影响且波动剧烈的商品，以获得物价的长期变动趋势。这一方法实质上是将高波动性的组成部分权重设定为 0，即"降低高波动性成分权重"。与剔除法的核心思想类似，加权中位数法（Bryan 和 Cecchetti，2000）和截尾平均法（Bryan 和 Cecchetti，2000）的作用原理基本相同，主要是将各类商品的价格按照波动性进行排序。加权中位数法是根据处于中位数上的部分门类的商品价格变化计算核心通货膨胀，截尾平均法是按照一定比例剔除高波动性和低波动性的商品，随后根据剩余商品的价格变化进行支出比例的加权来估计核心通货膨胀。

基于这些方法，国内学者对我国核心通胀指数编制问题展开了丰富的研究。黄燕和胡海鸥（2004）剔除了食品价格对整体通货膨胀的波动，采用加权中位法测度了我国核心通货膨胀指数。

范跃进和冯维江（2005）借鉴先前研究成果的经验，选取中国 1995—2004 年的数据，采用剔除法、截尾平均法以及加权中位数法估计出核心通胀率，最后实证结果证明核心通货膨胀率相对于居民价格指数，更有助于提高货币政策的有效性。龙革生、曾令华和黄山（2008）随后拓宽度量方法的范围，采用五种方法，即扣除法、修剪均值法、加权中位数法、结构向量自回归模型以及共同趋势法测度了我国的核心通货膨胀率，并在此基础上从平稳性、相关性和预见性三个视角出发对上述五种度量方法进行了比较和分析。

（二）基于动态因子的计算方法

基于动态因子的核心通货膨胀度量将各类商品的价格变化分解为异质性相对价格变化和各类商品价格变化中包含的动态因子，其中各类商品价格变化中的动态因子即核心通货膨胀率。动态因子的核算方法是基于统计学原理，简而言之，该方法从各类商品价格变动中提取出共同的动态因子，并以此作为核心通货膨胀的估计值。具体的实现方法有三种：一是以状态空间模型描述物价波动，运用卡尔曼滤波方法估计状态空间模型中的不可观测变量成分，即为核心通货膨胀率的估计值；二是 Forni 等（2000，2002）提出的广义动态因子模型，采用频谱分析技术计算不可观测成分的核心通货膨胀率；三是采用贡萨罗（Gonzalo）等提出的协整派生的调节系数正交方法，通过对协整—误差修正模型的调节系数矩阵进行正交分解，估计出模型中协整向量的共同因子部分，并以此作为核心通货膨胀的估计值。我国学者运用上述方法对中国核心通货膨胀率进行了估计。赵昕东和汤丹（2012）运用动态因子模型估计了我国的核心通货膨胀率，并认为所得的序列能够较好地反映我国物价变动的总体趋势。丁慧和范从来（2015）采用 Forni 等（2000，2002）提出的广义价格模型，运用频谱分解技术估计中国核心通胀指数，并讨论了核心通胀指数的货币政策含义。王少平和谭本艳（2009）采用 Gonzalo 等（1995）提出的协整向量分解技术测度了中国通货膨胀的长期趋势成分，并认为其为中国的核心通货膨胀率。

二、基于"持续性"定义的研究综述

关于核心通货膨胀的"持续性"定义来自 Friedman（1963），他在其著作中将通货膨胀解释为商品的一般价格水平的长期持续性的上涨，重点强调要区分出暂时性价格上涨。价格调整具有刚性，因而货币政策的调整需要经过一定的时滞才能引起价格水平的变动。但是各个国家经济形势的差异导致时滞期的长短难以确定。若货币政策对物价变动中的暂时性成分作出反应，则当政策效力最终显现时，暂时性的价格上涨可能已经结束。由此，货币调控非但未能稳定物价，反而进一步加剧了经济波动。

基于上述分析，Friedman（1963）认为货币政策应该对通货膨胀中的持续性部分作出反应，相应的通胀成分即为基于"持续性"定义的核心通货膨胀。在这一理念下，可采用剔除标题通货膨胀中由暂时性非货币因素导致的短期波动成分的方法编制核心通货膨胀指数。在具体实现上，常用指数平滑或滤波的方法剔除暂时性通货膨胀成分，并以剩余的周期性成分作为核心通胀指数。

（一）基于平滑的计算方法

平滑算法包含一元平滑法和多元平滑法。

一元平滑方法又可分为移动平均法和指数平滑方法。Cecchetti（1997）和Cogley（2002）分别提出了运用这两种统计工具计算核心通胀指数的方法。指数平滑计算公式中最为关键的是平滑参数的选取，主要是通过估计标题通货膨胀的历史数据所得。平滑算法的优势是计算简便，但其过于依赖历史数据和参数选择，因而可靠性不佳。

多元平滑方法中，最受学界关注的是 Quah 和 Vahey（1995）提出的 SVAR 方法。Quah 和 Vahey（1995）提出的两变量 SVAR 方法基于菲利普斯曲线长期垂直的假设，一定程度上解决了缺乏理论基础的问题。这一方法依据"核心通货膨胀在长期中对产出没有影响"来约束和识别 SVAR 模型，以此剔除标题通货膨胀中的暂时性成分。Bagliano 和 Morana（2003a，2003b）、Quah 和 Vahey（1995）的两变量 SVAR 模型，纳入了石油价格、产出、货币供应量和 CPI 四个变量，利用共同趋势模型估计了美国的核心通货膨胀率。就国内研究而言，简泽（2005）、赵昕东（2008）、张延群（2011）以及田新民和武晓婷（2012）等对 Quah 和 Vahey（1995）的方法进行了不同程度的扩展，估计出我国的核心通胀指数，并一致认为这一指数较好地反映了我国物价变动的长期趋势。

（二）基于滤波的计算方法

滤波法是计量经济学中常用的剔除时间序列噪声的方法，通过对时间序列的谱分析方法，将不同频率的成分叠加，剔除频率较高的部分，保留频率较低的部分，即长期趋势项。最为常用的滤波方法主要有两种，一是 HP 滤波，二是卡尔曼滤波。陈永志和吴锦顺（2013）利用卡尔曼滤波和多元 HP 滤波计算了中国核心通胀指数。侯成琪等（2011）基于多部门凯恩斯菲利普斯模型，将各部门商品价格公式的计量经济模型表示成状态空间模型，采用卡尔曼滤波法剔除暂时性波动成分，估计出中国的核心通货膨胀率。

三、有关核心通胀有效性检验的研究综述

在编制核心通胀指数之后，还需对核心通胀指数的有效性进行检验。本部分通过对以往文献进行回顾，探析一个有效的核心通货膨胀指数所应具备的条件。

基于核心通货膨胀"普遍性"和"持续性"的定义，可知判断核心通货膨胀指数是否有效，关键在于验证这一指数是否有效剔除了物价波动中的暂时性成分和部门异质性成分。主要的检验方法有统计检验、吸引子检验和预测能力检验三类。

（一）统计检验

Clark（2001）认为，由于核心通货膨胀是标题通胀剔除暂时性和部门异质性成分后的剩余部分，因而其应与标题通胀具有相同的均值，但应有更小的方差。

Marquesa 等（2003）认为，标题通货膨胀和核心通货膨胀的差序列应当是均值为零的平稳序列，不应该有任何的趋势，其原因在于暂时性波动冲击导致的价格变化不应对标题通货膨胀产生系统性影响。

（二）吸引子检验

Marquesa 等（2003）提出通过"吸引子检验"来验证核心通货膨胀的度量方法是否有效。"吸引子检验"包含两个判断条件。一是"核心通货膨胀是标题通货膨胀的吸引子"。从逻辑上看，标题通胀指数应该收敛于核心通胀指数，即当标题通货膨胀高于核心通货膨胀时，未来的标题通货膨胀会回落，当标题通货膨胀低于核心通货膨胀时，未来的标题通货膨胀会上升，因而核心通胀应该是标题通胀的"吸引子"（attractor）。二是"标题通货膨胀不是核心通货膨胀的吸引子"。如果标题通货膨胀中的暂时性和异质性冲击被彻底剔除，标题通货膨胀和核心通货膨胀之间的差值序列应当不存在任何影响未来核心通货膨胀的成分，因而标题通胀不是核心通胀的"吸引子"。

（三）预测能力检验

Bryan 和 Cecchetti（2000）、Clark（2001）、Smith（2004）认为核心通胀能够准确反映标题通货膨胀的未来趋势，因而可以根据核心通胀指数对未来通胀的预测能力来评价核心通胀指数的有效性。

在实践中，此类检验以标题通货膨胀作为被解释变量，以核心通胀指数的当期值和滞后值作为解释变量，通过回归分析估计标题通胀的预期值，并通过评判所得预期值和现实值之间的差距来检验核心通胀指数的预测能力。预测值与实际值的偏离越小，则说明核心通胀序列越有效。

四、文献述评

回顾既有文献可见，关于核心通货膨胀的定义、度量、评价及货币政策应用的相关文献十分丰富。既有研究从两个维度对核心通胀进行定义，即从波及范围定义的普遍性通货膨胀和从持续期限上定义的持续性通货膨胀，同时给出了核心通胀测度指标的编制方法。

以往研究虽然丰富，但仍存在有待完善之处。首先，大多数采用统计学方法的研究均缺乏坚实的经济理论基础：各类滤波算法得到的核心通胀指数只是统计意义而非经济意义上的价格变动趋势，剔除法等基于波动性的计算方法对 CPI 分类指数权重的设定也存在随意性。其次，各类 SVAR 模型在变量选择中存在主观性。大多数测度国内通胀指数的文献并没有给出变量选择的理论依据。最后，已有文献大多关注于核心通胀指数的编制，而在对所得指数的评价和货币政策的分析上浅尝辄止，鲜有文献遵循分析、构建、评价、应用的思路，系统而完整地分析核心通胀指数问题。针对这些问题，本章将进行深入的探究，以丰富相关研究体系。

第三节 通货膨胀衡量指标的选择

准确判断宏观经济运行中是否发生了通货膨胀以及评估通货膨胀的严重程度，涉及通货膨胀的测度问题。然而要测度通货膨胀，首先就需要有一个有效且准确的指标来作为判断通货膨胀发生与否和程度轻重的标准。本节从通货膨胀的内涵阐述出发，对目前比较常用的几类通货膨胀度量指标分别展开分析，并着重分析我国宏观调控当局重点关注的居民消费价格指数（CPI）在测度通货膨胀方面存在的固有缺陷，进而凸显出实证构建核心通货膨胀指数的必要性。

一、通货膨胀的内涵

货币市场实现供需平衡，价格水平保持稳定，一直以来都是各国货币政策努力的最终目标之一。但是在实际宏观经济市场中，不确定因素导致货币供求失衡以及一般价格水平的波动是时常发生的事。经典经济学理论对通货膨胀的定义为"物价水平持续、普遍、显著地上涨"，具体而言可以概括为两种类型。一种是因货币供给过多导致总体物价的普遍性上涨。该观点认为通货膨胀就是一种货币现象，物价上涨只是通货膨胀的表现形式。另一种是物价总水平的持续性上涨，导致货币贬值。在这一表象背后，其深层根源是总供给难以满足总需求，进而使得商品价格不断上涨。

从这一视角出发，我们可以得出通货膨胀的两点本质内涵：第一，通货膨胀的本质是一种货币现象，其与货币本身之间的关系密不可分。弗里德曼认为"通货膨胀本质就是货币现象"，货币数量的增长速度超过社会生产的增长速度，即货币需求量小于货币供给量，则会导致通货膨胀的发生。第二，通货膨胀意义上的物价上涨表示的是总体物价水平的持续性的显著上涨。这句话的含义需要从两层面去解释，首先总体物价指的是全部商品、劳务和资产的加权平均价格的上涨，而非个别商品类别的价格上涨；其次，通货膨胀代表的是物价总体水平在一定时期内的持续性上涨，而非一次性暂时上涨。

二、测度通货膨胀的主要指标及缺陷

（一）我国现行测度通货膨胀的主要指标

衡量通货膨胀的指标有多种，通常以通货膨胀率反映通货膨胀的程度，即以物价的上涨幅度来表示，而物价上涨幅度则通过物价指数变化呈现出来。因而，物价指数成为衡量通货膨胀水平的主要依据。物价指数的编制方法各国之间差异颇多，但是追溯其本质大多是从零售、批发或者经济总量的角度反映商品在不同时期内价格水平的变化。如何准确测度通货膨胀水平的关键就在于物价指数的选择。最为常用的物价指数主要有四种：居民消费价格指数、商品零售价格指数、工业生产者出厂物价指数和国内生产总值平减指数。

1. 居民消费价格指数（Consumer Price Index，CPI）。居民消费价格指数是衡量一定时期内居民所购买的生活消费品和服务项目价格变动趋势与程度的指标。居民消费价格指数侧重从消费者的角度衡量价格变化趋势，分析和观察居民消费支出情况，该指数可以分析出消费品零售价格和服务价格变动对城乡居民实际生活费支出的影响程度。居民消费价格指数是衡量国家通货膨胀的主要指标，也是企事业单位调整工资、津贴的依据。但是，居民消费价格指数只局限于统计居民家庭消费的商品和劳务，只能作为判断物价的参考指标，并不能反映全社会物价变动趋势。

2. 商品零售价格指数（Retail Price Index，RPI）。商品零售价格指数反映一定时期内城乡商品零售价格变动趋势和程度的相对数。商品零售价格的变动直接影响到城乡居民的生活支出和国家的财政收入，影响居民购买力和市场供需的平衡，同时影响居民消费和支出的比例。商品零售价格指数侧重于从商品销售者的角度衡量物价水平的变化趋势，但是该指数不包括服务项目，对于消费者而言不能准确衡量总体价格水平。该指数也不包括投资品，但是投资品在全部物质商品总交易额中的比重超过消费品。

3. 工业生产者出厂价格指数（Producer Price Index，PPI）。工业生产者出厂价格指数是工业企业生产产品作为中间投入的原材料、动力购进以及燃料等的购进价格和产品第一次出售时的价格。其衡量的不是消费者最终支付的实际价格，而是不同时期商品批发价格水平的变化程度与趋势，是根据大宗批发商品和原材料的加权平均批发价格编制而成的物价指数。该指数虽然能够灵活反映商品生产部门产品的价格变化，但其局限性在于：第一，大宗商品多为原材料或零部件，与居民日常生活没有直接关联，此外该指数也未将服务价格包含在内。第二，原材料的价格变化，未必能够反映到最终产品的价格变化。

4. 国内生产总值平减指数（GDP Deflator）。国内生产总值平减指数指按当年价格计算的国内生产总值对按固定价格或不变价格计算的国内生产总值的比率。其计算公式为：国内生产总值平减指数 =（名义国内生产总值/实际国内生产总值）×100%。该指数统计范围最为广泛，包含了所有商品和劳务的价格，也包含进出口商品，能够较为全面地反映社会整体物价水平的变动趋势。但是编制国内生产总值平减指数需要采集大量数据，而统计数据的发布往往较为滞后，加之宏观经济政策亦具有时滞性，因此以国内生产总值平减指数作为物价指标进行宏观调控的可操作性并不强。

（二）CPI 衡量通货膨胀的主要缺陷

各国长期以来都将消费价格指数作为本国衡量通货膨胀的重要指标，但是随着学术界对标题通货膨胀的研究不断深入，发现其并没有准确反映出实体经济的重要内容，无法充分体现通货膨胀的本质。主要有下面三方面的缺陷：

第一，通货膨胀本质上是一种货币现象，而 CPI 着重于度量商品和劳务成本，无法充分体现通货膨胀的货币本质。

第二，CPI 构成上包含了短期非货币供给因素冲击波动。食品和能源在 CPI 篮子中占据较大比重，这两类商品价格易受季节、国际政治等因素影响，短期中波动频繁、幅度较大，导致 CPI 在短期中可能出现大幅波动，从而导致 CPI 在反映通货膨胀形式上有悖于通货膨胀关于"持续、普遍"上涨的定义。

第三，近年来我国 CPI 测度总体通胀水平的准确性明显下降。当前我国供给侧结构性改革持续推进、产业结构转型升级、需求结构向高端跃升，通货膨胀形成机理随之发生深刻变化，致使通货膨胀主要表现为"结构性"通货膨胀，部门性冲击对 CPI 的影响程度加深，CPI 指标在总体通货膨胀水平的测度上存在明显偏差。

三、编制核心价格指数的必要性

鉴于居民消费价格指数难以准确地衡量通货膨胀水平，以及在作为制定宏观调控政策参考依据方面仍存在不足，因此有必要构建一个新的通货膨胀指标——核心通货膨胀指标，以弥补 CPI 的不足，健全我国价格指标体系，从而更准确地判断我国物价水平潜在的长期趋势，制定出合理的宏观调控政策。

目前，许多国家编制核心通货膨胀指数用以指导中央银行制定合理准确的宏观经济政策。核心通货膨胀指数消除了暂时性和异质部门的"噪声"影响，体现的是物价总体水平的中长期趋势，能够反映通货膨胀的未来走势，反映社会面临的通货膨胀压力。在制定和调整货币政策过程中，中央银行真正关心的是通货膨胀的未来变化趋势，因此，剔除了食品、能源等短期内价格波动较大商品的核心通胀指数更适合充当央行货币决策的"操作指引"。综上所述，构建核心通货膨胀指数的必要性无外乎以下三点：

第一，有助于准确反映通货膨胀的长期趋势。核心通货膨胀指数剔除了短期非货币因素导致的价格波动成分，能够更为准确地反映通货膨胀的长期趋势。

第二，有助于引导公众通胀预期。核心通货膨胀指数剔除了价格变动中的短期成分，其稳定的运行趋势有助于引导公众形成合理的通货膨胀预期。

第三，有助于制定适时适度的货币政策。CPI 容易受到短期供给冲击的影响，可能误导货币政策的制定与实行。而核心通货膨胀指数反映的是通货膨胀的长期趋势，更适合作为制定货币政策的参考指标，有利于提高货币政策的精准度。

四、本节小结

本节是本章的立论基础，其主要包括三个部分内容：第一部分通过对通货膨胀的内涵及其本质进行深刻剖析，从一般意义上揭示了通货膨胀属于一般价格指数普遍、持续上涨的本质现象。第二部分从通货膨胀的定义出发，结合当前经济形势，分析主要的通货膨胀测度指标，并列举 CPI 在测度通货膨胀水平上主要存在的若干缺陷。第三部分在 CPI 测度通货膨胀存在缺陷的现实背景下，阐述核心通货膨胀指数的比较优势，提出实证编制核心通货膨胀指数的必要性。

第四节　中国核心通货膨胀指数：数理模型、指数测算及统计检验

根据上节对核心通货膨胀指数含义的描述，可知核心通货膨胀是剔除短期、局部冲击因素后的持续性、普遍性价格变动，即"一般价格水平"的变动。基于核心通货膨胀"普遍性"和"持续性"的定义，我们在第四节对现有的主要核心通货膨胀的测度方法进行梳理。分析现有核心通货膨胀度量方法的计算原理，我们可以将核心通货膨胀度量方法分为统计法和建模法。

早年核心通货膨胀的度量方法主要是统计法，但是统计法存在两个问题：一是统计法缺乏系统性的定义，在分类项目排除上具有一定程度的主观性；二

是当前我国 CPI 在各期编制过程中尚未公示各分项指数权重，因此在实际研究过程中以各项目消费支出占总支出的比重来确定各个分类指数权重，虽然理论上并无太大问题，但是最终结果与国家统计局实际采用的权数存在较大的偏差。

此外，大多数采用统计学方法的研究均缺乏坚实的经济理论基础：各类滤波算法得到的核心通胀指数只是统计意义而非经济意义上的价格变动趋势，剔除法等基于波动性的计算方法对 CPI 分类指数权重的设定也存在随意性。

随着相关研究人员对核心通货膨胀指数研究的深入，建立在计量经济学数理原理基础上的建模法逐渐成为测度核心通货膨胀率的主要方法。建模法是利用具有时间趋势的截面数据，建立数理动态模型，从而度量核心通货膨胀率。建模法中最具代表性也是运用最为成熟的方法是 SVAR 模型。基于菲利普斯曲线长期垂直的假设，构建的 SVAR 模型具备一定的经济原理。SVAR 模型从货币长期中性的假设出发，对经济变量施加长期约束，剔除整体物价指数的短期波动，从而得到长期价格趋势。由此可见，SVAR 模型是否可行的关键在于经济变量的选择和约束条件的设计。但是归纳大多数利用 SVAR 模型来构建核心通货膨胀指数的文献，都存在一个相同的问题，即变量选择的主观性。为解决这一问题，本节首先对 SVAR 模型测度核心通货膨胀率的基本原理进行简单介绍，随后在新古典框架下利用数理方法推导一般价格水平变动率的表达式，为 SVAR 模型的变量选择奠定理论基础。

一、模型构建理论基础

（一）SVAR 模型的基本原理

Quah 和 Vahey（1995）定义核心通货膨胀率为"通货膨胀中对于实际产出无中长期影响的成分"。根据这一经济含义，构建包含真实产出和通货膨胀两变量的 SVAR 模型，并定义核心通货膨胀为长期中对真实产出没有影响的通货膨胀成分。在此模型中，真实产出增长率和通货膨胀率都会受到两种随机冲击，一种是对真实产出没有中长期影响的冲击，称为核心通货膨胀冲击，记为 η_1；另一种是对通货膨胀和真实产出的影响不受约束但与第一种冲击在任何的领先期和滞后期都不相关的冲击，称为非核心通货膨胀冲击，记为 η_2。假设真实产出和通货膨胀之间不存在协整关系，那么可以将真实产出和通货膨胀的一阶差分向量表示成向量移动平均模型（VMA）的形式：

$$X_t = \begin{pmatrix} \Delta y_t \\ \Delta \pi_t \end{pmatrix} = \sum_{j=0}^{\infty} \begin{pmatrix} d_j^{11} & d_j^{12} \\ d_j^{21} & d_j^{22} \end{pmatrix} \begin{pmatrix} \eta_{1,t-j} \\ \eta_{2,t-j} \end{pmatrix} \tag{3.1}$$

式（3.1）中，d 表示向量移动平均模型的系数，定义核心通货膨胀冲击是对真实产出没有长期影响，那就意味着 $\sum_{j=1}^{\infty} d_j^{11} = 0$，核心通货膨胀为 $\Delta \pi_t^* = \sum_{j=0}^{\infty} d_j^{21} \eta_{1,t-j}$。因为核心通货膨胀冲击 η_1 和非核心通货膨胀冲击 η_2 无法直接观测，所以首先需要估计 X_t 的简化式 VAR 模型：

$$X_t = A_1 X_{t-1} + A_2 X_{t-2} + \cdots + A_p X_{t-p} + \varepsilon_t \tag{3.2}$$

式（3.2）中，ε_t 为简化式 VAR 模型的随机冲击。随后通过对简化式 VAR 模型施加结构化约束 $\sum_{j=1}^{\infty} d_j^{11} = 0$，将简化式 VAR 模型转化为结构化 VAR 模型（即 SVAR 模型）：

$$AX_t = A_1 X_{t-1} + A_2 X_{t-2} + \cdots + A_p X_{t-p} + Bu_t \tag{3.3}$$

式（3.3）中，结构化冲击 u_t 与简化式冲击 ε_t 的关系为 $\varepsilon_t = A^{-1} Bu_t$。其中，矩阵 $C = (I_k - A_1 L - \cdots - A_p L^p)^{-1} A^{-1} B$ 的右上角元素为零，原因在于核心通货膨胀冲击对真实产出没有中长期影响。施加长期约束后，式（3.3）的 SVAR 模型转换为结构向量移动平均模型：

$$X_t = (I_k - A_1 L - \cdots - A_p L^p)^{-1} A^{-1} Bu_t \tag{3.4}$$

基于式（3.4）表示的结构向量移动平均模型，我们可以计算核心通货膨胀率。

（二）SVAR 模型变量选择的理论依据

通过对 SVAR 模型基本原理的简介可知，度量核心通货膨胀率的关键在于如何选择模型中的内生变量。梳理已有的文献，可以发现 SVAR 模型欠缺坚实的经济理论基础，在变量选择上尚显主观。在对通货膨胀产生原因进行深入分析的基础上，根据通货膨胀理论的发展，本部分在新古典框架下利用数理方法推导一般价格水平变动率的表达式，借此探究核心通胀率与经济体产出增长率水平、货币供给增长率、异质性商品价格在短期冲击下的偏离率等变量之间的关系，为后续 SVAR 模型的变量选择提供经济理论基础。

假设经济体的产出全部用于消费，存在两类不可互相替代的异质性商品 C_t 与 F_t，故有 $Y_t = C_t + F_t$。家庭对两类商品有相同的相对风险厌恶系数，即 $\sigma_C = \sigma_F$ [①]。商品 C_t 占经济体总产出的比重较高，价格稳定，因而其价格水平 P_t 可以看作是"核心价格水平"，P_t 的变动 P_t/P_{t-1} 即为核心通胀率 π_t；F_t 代表易受部门性、临时性冲击影响的商品，其价格易受短期因素冲击而在当期偏离一般物价水平[②]，设其价格水平为 $\psi_t P_t$，$\psi_t \sim N(1, \sigma_\psi^2)$ 且 $\psi_t > 0$。随机变量 ψ_t 衡量了商品 F_t 的价格在短期外部冲击下对核心价格水平的偏离程度。在新古典假设下，市场可以有效出清，因而企业决策和政府的需求管理政策不会影响到物价的长期动态特征。基于此，本部分模型中不纳入企业和财政部门。货币当局通过调整 t 时期的货币供给来锚定固定的利率水平 $\overline{R}$，并对家庭发放存续一期的金融债券。对货币 M_t 和金融债券 B_t 的需求由微观家庭部门的最优选择决定。

设家庭部门的效用函数为

$$U = \max_{C_t, F_t, M_t, B_t} \sum_{i=1}^{\infty} \left\{ \frac{C_t^{1-\sigma_c}}{1-\sigma_c} + \chi_F \frac{F_t^{1-\sigma_F}}{1-\sigma_F} + \chi_M \frac{M_t^{1-\sigma_M}}{1-\sigma_M} - \chi_N \frac{N_t^{1+\sigma_N}}{1+\sigma_N} \right\} \quad (3.5)$$

家庭以劳动收入为消费提供资金，并利用国债和货币实现财富的跨期转移，故面临着如下预算约束：

$$C_t + \psi_t F_t + \frac{M_t}{P_t} + \frac{B_t}{P_t} = \left(\frac{W_t}{P_t}\right) N_t + \frac{M_{t-1}}{P_t} + \frac{\overline{R} B_{t-1}}{P_t} \quad (3.6)$$

其中，N_t、M_t、B_t 分别为家庭劳动供给、持有的名义货币数量和国债数量。参数 χ_F、χ_M、χ_N 分别为消费商品 F_t、持有货币和劳动在效用函数中的相对权重。

构造拉格朗日函数，设 λ_t 为拉格朗日乘子，依次求解家庭选择消费商品 C_t、消费商品 F_t、货币持有量 M_t 和国债持有量 B_t 的一阶条件，得到

$$C_t^{-\sigma_c} = -\lambda_t \quad (3.7)$$

$$\chi_F F_t^{-\sigma_F} = -\lambda_t \psi_t \quad (3.8)$$

$$\chi_M M_t^{-\sigma_M} + \frac{\lambda_t}{P_t} - \frac{\lambda_{t+1}\beta}{P_{t+1}} = 0 \quad (3.9)$$

---

① 这一假设只是为了便于化简求得解析解。本章的结论对这一假设并不敏感。
② 食品和能源是商品 F 在现实经济中的典型代表。

$$\frac{\lambda_t}{\lambda_{t+1}} = \frac{\beta \overline{R}}{\pi_{t+1}} \tag{3.10}$$

利用式（3.7）和式（3.8），可得家庭选择两类商品的最优条件 $F_t = C_t^{\frac{\sigma_C}{\sigma_F}} \left(\frac{\chi_F}{\psi_t} \right)^{\frac{1}{\sigma_F}}$。结合 $Y_t = C_t + F_t$ 和 $\sigma_C = \sigma_F$，得到

$$Y_t = C_t \cdot \left[1 + \left(\frac{\chi_F}{\psi_t} \right)^{\frac{1}{\sigma_F}} \right] \tag{3.11}$$

利用式（3.7）、式（3.9）、式（3.10）和式（3.11），可得家庭部门货币需求方程：

$$M_t^{-\sigma_M} = \frac{1}{\chi_M P_t} \cdot \left(\frac{Y_t}{1 + \left(\frac{\chi_F}{\psi_t} \right)^{\frac{1}{\sigma_F}}} \right)^{-\sigma_c} \cdot \left(1 - \frac{1}{\overline{R}} \right) \tag{3.12}$$

设货币需求增速 $z_t = M_t / M_{t-1}$，产出增速 $g_t = Y_t / Y_{t-1}$，由式（3.12）可以表出货币需求增速 z_t 为

$$z_t = \frac{M_t}{M_{t-1}} = \left[\frac{1}{\pi_t g_t^{\sigma_c}} \cdot \left(\frac{1 + \left(\frac{\chi_F}{\psi_t} \right)^{\frac{1}{\sigma_F}}}{1 + \left(\frac{\chi_F}{\psi_{t-1}} \right)^{\frac{1}{\sigma_F}}} \right)^{\sigma_c} \right]^{-\frac{1}{\sigma_M}} \tag{3.13}$$

为锚定利率，央行需使货币供求相等，否则超额货币就会流向可贷资金市场，导致市场利率偏离央行设定的利率目标，因而有 $z_t = z_t^s$。根据式（3.13）将核心通胀率 π_t 表示为 z_t^s、g_t 和 ψ_t 的函数，得到

$$\pi_t = \frac{z_t^{s \sigma_M}}{g_t^{\sigma_c}} \cdot \left[\frac{1 + \left(\frac{\chi_F}{\psi_t} \right)^{\frac{1}{\sigma_F}}}{1 + \left(\frac{\chi_F}{\psi_{t-1}} \right)^{\frac{1}{\sigma_F}}} \right]^{\sigma_C} \tag{3.14}$$

式（3.14）的结论表明，核心通胀率由货币供给增速 z_t^s、产出增速 g_t 和高价格波动性商品的价格偏离率 ψ_t 所决定。

更进一步地，我们逐一考察各经济变量在控制其他变量固定时对核心通胀

的影响方向。假设各期货币供给增速 z_t^s 和产出增速 g_t 始终为正[①]，以核心通胀 π_t 对各变量求偏导，有

$$\frac{\partial \pi_t}{\partial z_t^s} = \sigma_M \cdot \frac{z_t^{s\sigma_M-1}}{g_t^{\sigma_c}} \cdot \left[\frac{1 + \left(\frac{\chi_F}{\psi_t}\right)^{\frac{1}{\sigma_F}}}{1 + \left(\frac{\chi_F}{\psi_{t-1}}\right)^{\frac{1}{\sigma_F}}} \right]^{\sigma_C} > 0 \tag{3.15}$$

$$\frac{\partial \pi_t}{\partial g_t} = - \sigma_c \frac{z_t^{s\sigma_M}}{g_t^{\sigma_c+1}} \cdot \left[\frac{1 + \left(\frac{\chi_F}{\psi_t}\right)^{\frac{1}{\sigma_F}}}{1 + \left(\frac{\chi_F}{\psi_{t-1}}\right)^{\frac{1}{\sigma_F}}} \right]^{\sigma_C} < 0 \tag{3.16}$$

$$\frac{\partial \pi_t}{\partial \psi_t} = - \frac{1}{\sigma_F} \sigma_c \cdot \frac{z_t^{s\sigma_M}}{g_t^{\sigma_c}} \cdot \left[\frac{1 + \left(\frac{\chi_F}{\psi_t}\right)^{\frac{1}{\sigma_F}}}{1 + \left(\frac{\chi_F}{\psi_{t-1}}\right)^{\frac{1}{\sigma_F}}} \right]^{\sigma_c-1} \cdot \frac{\chi_F^{\frac{1}{\sigma_F}}}{1 + \left(\frac{\chi_F}{\psi_{t-1}}\right)^{\frac{1}{\sigma_F}}} \cdot \psi_t^{-\frac{1}{\sigma_F}-1} < 0$$

$$\tag{3.17}$$

$$\frac{\partial \pi_t}{\partial \psi_{t-1}} = \sigma_c \cdot \frac{z_t^{s\sigma_M}}{g_t^{\sigma_c}} \cdot \left[\frac{1 + \left(\frac{\chi_F}{\psi_t}\right)^{\frac{1}{\sigma_F}}}{1 + \left(\frac{\chi_F}{\psi_{t-1}}\right)^{\frac{1}{\sigma_F}}} \right]^{\sigma_c-1} \cdot \left[1 + \left(\frac{\chi_F}{\psi_t}\right)^{\frac{1}{\sigma_F}} \right] \cdot \left[1 + \left(\frac{\chi_F}{\psi_{t-1}}\right)^{\frac{1}{\sigma_F}} \right]^{-2} \cdot$$

$$\frac{1}{\sigma_F} \cdot \left(\frac{\chi_F}{\psi_{t-1}}\right)^{\frac{1}{\sigma_F}-1} \cdot \chi_F \cdot \psi_{t-1}^{-2} > 0 \tag{3.18}$$

式（3.15）和式（3.16）表明，在其他条件既定时，核心通胀随货币供给增速的上升而上升，随产出增速的上升而下降。这反映出了通胀的货币本质，即通胀是一个货币现象，在社会财富总量既定时，增加货币投放将导致币值下降，从而引起一般价格水平的上升。反之，当社会生产能力较高、社会物质财富快速增长时，货币币值将上升，从而一般价格水平下降。

式（3.17）和式（3.18）反映了核心通胀与部门性、临时性冲击的关系，

---

① 自改革开放以来，我国历年以 GDP 衡量的经济增速和以 $M_0 - M_2$ 衡量的货币供应量增速均为正；从经济运行态势看，未来这一趋势仍将延续。故本书认为这一假设相对合理。

也即反映出通胀内部的结构性特征。在既定的货币供给和社会财富规模下，核心通胀与易受冲击商品部门当期价格负相关、与其上期价格正相关。其机理在于，外部冲击导致当期易受冲击商品部门价格上升，该部门在交易中的货币需求增加，带动币值整体上涨，核心通胀水平下降，反之亦然。对上期价格冲击的分析逻辑与之类似。上期易受冲击商品部门价格上升，本期恢复常态后，该部门积蓄的货币需求压力随之释放，货币币值相应下降，核心通胀水平上升。

特别地，当忽略商品异质性（即 $\chi_F = 0$）或者不存在价格波动（即 $\psi_t = \psi_{t-1} = \bar{\psi}$）时，式（3.14）退化为 $\pi_t = z_t^{\sigma_M} / g_t^{\sigma_c}$，这与古典理论下的货币数量论相一致。

二、基于 SVAR 模型的中国核心通货膨胀指数构建

（一）模型设定

基于新古典主义的数理分析表明，社会一般价格水平的变动，即核心通胀，主要由货币供给增速、产出增速和高价格波动性商品的价格水平所决定。在我国，食品价格易受短期因素冲击而频繁波动，且在 CPI 中权重占比较高，因而适宜选作高价格波动性商品的典型代表。鉴于此，我们构建包含 GDP、CPI、M_2 和食品价格在内的四变量 SVAR 模型以估计中国核心通货膨胀。

根据 SVAR 模型的基本原理以及实际经济理论，本部分假设模型中四个内生变量受到四类不可观测的冲击影响，其分别为供给冲击 μ_t^s、需求冲击 μ_t^d、货币冲击 μ_t^m 和食品价格冲击 μ_t^{fd}。其中，供给冲击、需求冲击、货币冲击以及食品价格冲击分别源于技术进步带来的劳动生产率的永久性提高，投资、消费或政府支出的变化，货币供应量的变化以及天气变化或气候灾害导致的暂时性影响。通过对上述四种冲击的作用原理进行分析，发现在长期中对实际产出有永久性影响的只有供给冲击。如果将产出增长率设为 y_t，货币供应量增长率设为 m_t，通货膨胀增长率设为 π_t，食品价格指数增长率设为 π_t^f，且同时受到供给冲击、需求冲击、货币冲击和食品价格冲击对变量的影响。四变量和各期冲击的结构 VAR 模型可表示为如下形式：

$$\begin{bmatrix} y_t \\ m_t \\ \pi_t \\ \pi_t^f \end{bmatrix} = \begin{bmatrix} D_{11}(L) & D_{12}(L) & D_{13}(L) & D_{14}(L) \\ D_{21}(L) & D_{22}(L) & D_{23}(L) & D_{24}(L) \\ D_{31}(L) & D_{32}(L) & D_{33}(L) & D_{34}(L) \\ D_{41}(L) & D_{42}(L) & D_{43}(L) & D_{44}(L) \end{bmatrix} \begin{bmatrix} \mu_t^s \\ \mu_t^m \\ \mu_t^d \\ \mu_t^{fd} \end{bmatrix} \tag{3.19}$$

$D_{ij}(L)$ 为滞后算子，表示各期中第 i 个变量对第 j 个结构冲击的累积响应。式（3.19）可写为矩阵形式 $X_t = D(L)\mu_t$，其中 $X_t = (y_t, m_t, \pi_t, \pi_t^f)'$，$\mu_t = (\mu_t^s, \mu_t^m, \mu_t^d, \mu_t^{fd})'$。

假设 μ_t^s、μ_t^d、μ_t^m、μ_t^{fd} 为标准白噪声序列，相互之间不存在相关性。因此，有

$$\mathrm{var}(\mu_t^s) = \mathrm{var}(\mu_t^m) = \mathrm{var}(\mu_t^d) = \mathrm{var}(\mu_t^{fd}) \quad E(\mu_t\mu_t') = I_4$$

要估计 $D_{ij}(L)$ 与 μ_t，首先估计简化式 VAR 模型：

$$X_t = A_1 X_{t-1} + A_2 X_{t-2} + \cdots + A_p X_{t-p} + \varepsilon_t$$

其次，将简化式 VAR 模型转换成无穷阶 VAM(∞) 形式，$X_t = C(L)\varepsilon_t$，再根据结构式可以得出

$$C(L)\varepsilon_t = D(L)\varepsilon_t$$

因为，$C_0 = I_4$，可得，$D_0\mu_t = \varepsilon_t$，且

$$E(\varepsilon_t\varepsilon_t') = D(0)E(u_tu_t')D(0)' = D(0)D(0)' = \sum \tag{3.20}$$

ε 的协方差矩阵为

$$\sum = E(\varepsilon_t\varepsilon_t')$$

$$= \begin{bmatrix} \mathrm{var}(\varepsilon_{1t}) & \mathrm{var}(\varepsilon_{1t},\varepsilon_{2t}) & \mathrm{var}(\varepsilon_{1t},\varepsilon_{3t}) & \mathrm{var}(\varepsilon_{1t},\varepsilon_{4t}) \\ \mathrm{var}(\varepsilon_{1t},\varepsilon_{2t}) & \mathrm{var}(\varepsilon_{2t}) & \mathrm{var}(\varepsilon_{2t},\varepsilon_{3t}) & \mathrm{var}(\varepsilon_{2t},\varepsilon_{4t}) \\ \mathrm{var}(\varepsilon_{1t},\varepsilon_{3t}) & \mathrm{var}(\varepsilon_{2t},\varepsilon_{3t}) & \mathrm{var}(\varepsilon_{3t}) & \mathrm{var}(\varepsilon_{3t},\varepsilon_{4t}) \\ \mathrm{var}(\varepsilon_{1t},\varepsilon_{4t}) & \mathrm{var}(\varepsilon_{2t},\varepsilon_{4t}) & \mathrm{var}(\varepsilon_{3t},\varepsilon_{4t}) & \mathrm{var}(\varepsilon_{4t}) \end{bmatrix}$$

由式（3.20）可得关于 $D_{ij}(0)$ 的 10 个方程，但是求出 $D_{ij}(0)$ 需要 16 个约束条件。Blanchard 和 Quah（1989）通过对通货膨胀形成的基本原理进行分析，提出对 $D(L)$ 施加基于经济理论的长期约束来增加方程中的约束条件从而计算出模型中的滞后算子矩阵。

四变量 SVAR 模型需额外施加 6 个约束条件才能实现对结构性冲击的识别。本部分在参考已有文献的基础上，基于实际经济理论对 SVAR 模型施加以下 6 个长期约束：首先，根据产出中性理论，即需求冲击、货币冲击与食品价格冲击不会对产出水平有长期影响，故有 $D_{12}(L) = D_{13}(L) = D_{14}(L) = 0$；其次，货币供应量由中央银行外生确定，不受需求冲击、食品价格冲击的影响，故 $D_{23}(L) = D_{24}(L) = 0$；最后，长期中食品价格涨落对总体物价水平的影响相互抵消，即长期中通胀率不受食品价格波动的影响，故 $D_{34}(L) = 0$。即

$$D_{12}(L) = D_{13}(L) = D_{14}(L) = D_{23}(L) = D_{24}(L) = D_{34}(L) = 0$$

在上述约束条件下，我们可以得到关于 $D_{ij}(0)$ 的所有方程，继而求出 $D_{ij}(0)$。

再根据 $C(L)\varepsilon_t = D(L)\varepsilon_t$ 和 $D_0\mu_t = \varepsilon_t$，可得 $D(L) = C(L)D(0)$。根据此式，可求得长期累积响应矩阵 $D(L)$ 和结构冲击向量 μ_t，利用式（3.21）可计算出核心通胀指数：

$$\pi_t^{core} = \sum_{k=0}^{\infty} D_{31}(k)\mu_{t-k}^s + \sum_{k=0}^{\infty} D_{32}(k)\mu_{t-k}^m + \sum_{k=0}^{\infty} D_{33}(k)\mu_{t-k}^d \qquad (3.21)$$

（二）数据分析与平稳性检验

1. 数据分析。本部分模型中所需要的产出、通货膨胀、货币供应量、食品价格四项变量，我们依次选择工业增加值同比增长率（GDP）[①]、居民消费价格指数（CPI）、M_2 同比增长率和 CPI 中食品价格同比增长率数据用于建模计算。各指标选取 2001 年 1 月至 2017 年 3 月的月度数据，数据均来自国家统计局。受农历新年影响，每年 1 月、2 月工业增加值同比增长率数据往往存在较为明显的季节性异动，本部分采取常用处理方法，选取的数值为每年的 1 月、2 月工业增加值同比增长率的平均值。

同时，因为本部分中需要对 SVAR 模型施加长期约束条件来识别参数，这就意味着需要要求货币、需求和食品价格冲击在长期中对产出的叠加影响为 0。要满足这一条件必须需要延长样本数据的时间跨度，保证样本数据时间足够长，

---

① 本书选择工业增加值作为产出的代理变量，是因为缺乏 GDP 的月度数据。在月度频率上，使用工业增加值同比增速作为产出增速的代理变量是同类文献的惯常做法。

一般是 15 年或者更长。这样就能最大限度地保证估计结果的准确性和真实性。本书选取 2001 年 1 月到 2017 年 3 月的数据，满足 SVAR 模型施加长期约束的要求。

2. 平稳性检验。宏观经济变量的原始数据一般无法满足平稳性检验的要求，容易产生伪回归现象，因此在进行计量模型分析之前，我们需要对原始各序列数据进行单位根检验以确保模型的平稳性。

表 3.1 　　　　　　　　　　　ADF 单位根检验结果

变量	ADF 统计量	P 值	变量	ADF 统计量	P 值
y_t	−2.3319	0.1631	$D(y_t)$	−7.6763	0.0000
m_t	−1.7903	0.3844	$D(m_t)$	−4.9492	0.0000
π_t	−3.2861	0.0170	$D(\pi_t)$	−4.6873	0.0001
π_t^f	−3.0368	0.0334	$D(\pi_t^f)$	−4.3530	0.0005

说明：$D(\cdot)$ 表示该变量的一阶差分序列。

平稳性检验结果显示，各变量在 1% 的显著水平下均为一阶差分平稳，故本部分使用一阶差分序列进行建模分析。检验 VAR 模型的平稳性，可以通过 Wold 分解。图 3.1 显示 VAR 模型中所有单位根均在单位圆内，这也就表明本部分所构建的模型是平稳的。

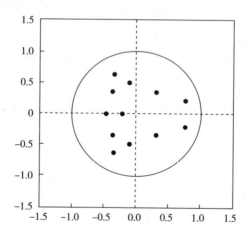

图 3.1　VAR 平稳性检验结果

（三）模型求解与核心通胀率估计

依据 AIC 与 SC 准则，本部分设定模型滞后阶数为 3。[①] 估计简化式 VAR 模型 $X_t = \Phi_1 X_{t-1} + \Phi_2 X_{t-2} + \Phi_3 X_{t-3} + C + \varepsilon_t$ ，得到回归系数及残差序列 ε_t 。

$$
\begin{bmatrix} y_t \\ m_t \\ \pi_t \\ \pi_t^f \end{bmatrix} = \begin{bmatrix} -0.2323 & 0.3910 & -0.0514 & 0.1185 \\ 0.0291 & -0.1066 & -0.8526 & 0.1962 \\ 0.1300 & 0.0322 & -0.5163 & 0.1902 \\ 0.2675 & 0.1425 & -2.1003 & 0.7655 \end{bmatrix} X_{t-1}
$$

$$
+ \begin{bmatrix} -0.2039 & 0.1785 & 1.2051 & -0.3201 \\ -0.0292 & 0.0025 & -0.6304 & 0.1285 \\ 0.0839 & -0.0855 & 0.3628 & -0.0787 \\ 0.1845 & -0.2576 & 0.7355 & -0.14801 \end{bmatrix} X_{t-2}
$$

$$
+ \begin{bmatrix} 0.0439 & 0.3042 & -0.3513 & 0.1742 \\ 0.0448 & 0.2590 & -0.9617 & 0.3444 \\ 0.0635 & 0.0519 & 0.2340 & -0.0536 \\ 0.1433 & 0.1846 & 0.6156 & -0.1675 \end{bmatrix} X_{t-3} + \begin{bmatrix} -0.0178 \\ -0.0058 \\ 0.0040 \\ -0.0058 \end{bmatrix} + \varepsilon_t
$$

利用 Wold 分解将简化式 VAR 模型表示成无穷阶移动平均形式，有 $X_t = \Theta(L)\varepsilon_t$ 。结合结构式 $X_t = D(L)\mu_t$ ，可得 $D(L)\mu_t = \Theta(L)\varepsilon_t$ ，因此 $D_0\mu_t = C_0\varepsilon_t$ 。又因 $C_0 = I_4$ ，故 $D_0\mu_t = \varepsilon_t$ ，则有 $E(\varepsilon_t\varepsilon_t') = D_0 E(\mu_t\mu_t')D_0' = D_0 D_0'$ 。ε_t 的协方差矩阵可表示为

$$
E(\varepsilon_t\varepsilon_t') = \begin{bmatrix} \mathrm{var}(\varepsilon_{1t}) & \mathrm{cov}(\varepsilon_{1t},\varepsilon_{2t}) & \mathrm{cov}(\varepsilon_{1t},\varepsilon_{3t}) & \mathrm{cov}(\varepsilon_{1t},\varepsilon_{4t}) \\ \mathrm{cov}(\varepsilon_{1t},\varepsilon_{2t}) & \mathrm{var}(\varepsilon_{2t}) & \mathrm{cov}(\varepsilon_{2t},\varepsilon_{3t}) & \mathrm{cov}(\varepsilon_{2t},\varepsilon_{4t}) \\ \mathrm{cov}(\varepsilon_{1t},\varepsilon_{3t}) & \mathrm{cov}(\varepsilon_{2t},\varepsilon_{3t}) & \mathrm{var}(\varepsilon_{3t}) & \mathrm{cov}(\varepsilon_{3t},\varepsilon_{4t}) \\ \mathrm{cov}(\varepsilon_{1t},\varepsilon_{4t}) & \mathrm{cov}(\varepsilon_{2t},\varepsilon_{4t}) & \mathrm{cov}(\varepsilon_{3t},\varepsilon_{4t}) & \mathrm{var}(\varepsilon_{4t}) \end{bmatrix}
$$

协方差矩阵提供了关于 $D_{ij}(0)$ 的 10 个方程。要解出 $D_{ij}(0)$ 还需要另外的 6 个方程。通过施加前文所述的 6 项长期约束，可以求得长期响应矩阵 $D(L)$ 和

---

① 受篇幅所限，滞后阶选择检验的结果从略。

$\Theta(L)$ 。[①] 根据 $D(L) = \Theta(L)D_0$ ，求得

$$D_0 = \begin{bmatrix} 1.0499 & -0.7804 & -0.4373 & 0.0168 \\ 0.5760 & 0.4949 & 0.3331 & -0.4111 \\ -0.0804 & -0.3417 & 0.4559 & -0.0355 \\ -0.1051 & -0.7704 & 1.3902 & 0.3380 \end{bmatrix}$$

由 $D_0\mu_t = \varepsilon_t$ ，可以得到结构式残差 μ_t 的时间序列。最后根据式（3.21）计算得到核心通货膨胀率 π_t^{core} ，如图 3.2 和表 3.2 所示。

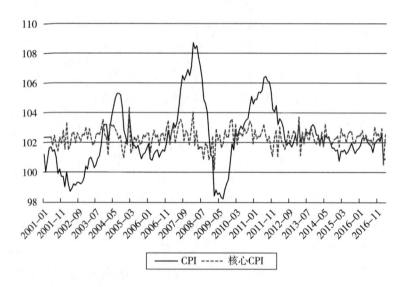

图 3.2　我国月度 CPI 和核心通胀指数（2001 年 5 月至 2017 年 3 月）

表 3.2　　　　　我国月度核心通胀指数（2001 年 5 月至 2017 年 3 月）

年份	2017/2001	2002	2003	2004	2005	2006	2007	2008
1 月	102.9426	101.5399	102.9851	102.3317	101.845	102.6121	101.8698	102.809
2 月	100.5148	103.2945	102.2217	101.1942	104.3524	101.3032	102.8148	104.0231
3 月	102.5485	101.5287	102.9194	103.2159	101.2954	102.1746	103.1005	101.8037
4 月	—	101.7781	102.3347	103.1175	101.569	102.8245	101.9832	102.7897
5 月	102.3697	102.5822	101.8367	103.1459	102.3395	102.3496	102.6226	101.575
6 月	101.8216	102.6578	101.9588	102.8953	102.0965	102.4871	103.2363	101.6734

① 受篇幅所限，具体求解计算过程从略。

续表

年份	2017/2001	2002	2003	2004	2005	2006	2007	2008
7 月	102. 4666	101. 9605	102. 5186	102. 6344	102. 4517	101. 793	103. 5463	101. 6891
8 月	101. 8159	102. 6357	102. 6237	102. 2360	101. 8764	102. 5225	103. 1647	100. 8869
9 月	101. 4221	102. 3502	102. 5295	102. 4452	101. 9516	102. 6061	102. 1095	101. 9191
10 月	102. 3372	102. 0847	102. 9283	101. 522	102. 4952	102. 1284	102. 7847	101. 7571
11 月	101. 9387	102. 524	103. 5229	100. 9757	102. 3568	102. 9331	102. 5896	100. 8567
12 月	102. 7969	102. 4786	102. 5265	102. 0382	102. 6077	103. 4278	101. 8468	101. 2447
年份	2009	2010	2011	2012	2013	2014	2015	2016
1 月	102. 3726	101. 7852	102. 8467	102. 7981	101. 8001	102. 3377	101. 6965	102. 4976
2 月	100. 1924	103. 2028	102. 2444	101. 0613	103. 7167	101. 789	102. 9358	102. 8096
3 月	102. 8538	101. 868	102. 404	103. 0388	101. 1111	102. 7063	102. 4595	102. 1426
4 月	102. 1598	102. 6551	102. 4346	102. 1361	102. 6918	101. 7374	102. 5397	102. 5041
5 月	102. 4991	102. 588	102. 7278	101. 8683	101. 9149	103. 2107	102. 0125	102. 2024
6 月	101. 668	102. 4245	103. 1746	101. 5433	102. 9124	102. 2939	102. 5715	102. 1304
7 月	101. 9091	102. 9358	102. 5202	102. 0513	102. 2747	102. 4027	102. 7541	102. 1677
8 月	102. 8376	102. 6058	102. 0809	102. 7676	102. 1873	102. 0081	102. 6779	101. 8615
9 月	102. 373	102. 8337	102. 4195	101. 9534	102. 9544	101. 9059	101. 9685	103. 0181
10 月	102. 3912	103. 4264	101. 667	102. 3382	102. 5313	102. 1976	102. 02	102. 4588
11 月	103. 4197	103. 2022	101. 0638	102. 776	102. 0833	102. 2685	102. 4231	102. 5932
12 月	103. 5208	101. 9103	102. 2794	102. 6319	101. 8944	102. 4351	102. 4651	102. 2031

注：表 3.2 左上起前三项数据为 2017 年 1—3 月核心通胀指数。因滞后阶原因，2001 年核心通胀指数从 5 月起始。

对于具体计算过程，有三点需作出特别说明。其一，EViews 输出的估计结果不是各期响应的当期值，而是结构冲击对各期响应的累积值 $\sum_{k=1}^{\infty} D_{ij}(k)$ ，因此需要根据前文的简化式模型中的系数矩阵来一一求出各期响应矩阵。其二，在式（3.21）中，本部分中构建的模型滞后阶数为三阶，这也就意味着滞后三阶以上的结构冲击对核心通胀率的影响几乎可以忽略不计。因此本部分最后结果只选择累加滞后一至三期的结构冲击来计算核心通货膨胀，这也与 SVAR 模型滞后阶设定相一致。其三，式（3.21）的核心通胀率表示的是变化量而非绝对量，需要更进一步计算核心通货膨胀率的绝对量。通过对实际经济数据的分析可以看出，长期中的核心通货膨胀率与 CPI 的均值应是相等的，因此本部分最后求得的核心通货膨胀率应当加上样本期内的 CPI 均值 102.34。

由图 3.2 可见，本部分基于 SVAR 模型构建的核心通货膨胀率与 CPI 的动态走势基本一致，但波动幅度更小，更加平滑，更能反映通货膨胀的真实周期波动与基本长期趋势，而这得益于核心通胀率消除了短期冲击与部门异质性扰动。结合 2000 年以来，特别是国际金融危机前后我国经济运行状况和财政货币政策操作实践可知，核心通胀指数较好地契合了经济运行态势，消除了短期冲击与部门异质性扰动。

三、核心通胀指数的统计检验

本节的前两部分梳理了 SVAR 模型编制核心通胀指数的基本原理，并结合已有文献的缺陷，采用数理模型推导出 SVAR 模型变量选择的理论依据，为构建核心通胀指数提供了坚实的理论基础，之后详细地阐述了利用 SVAR 方法构建核心通胀指数的具体步骤。在完成核心通胀指数构建之后，还需对所得指数进行有效性检验，以评估该指数是否是中国核心通胀的一个良好测度。从图 3.2 的 CPI 与核心通胀指数的动态走势图中，我们可以大致看出核心通胀指数的总体趋势方向与 CPI 一致，并且波幅更小，有更好的稳定性。但是上述推测均是从图形上估计出来的，难以确定其准确性，因此，本部分从统计学角度分析核心通胀指数的基本性质，对其稳定性进行检验。

Clark（2001）和 Marques（2003）等认为，核心通货膨胀应该比标题通货膨胀的波动性更小，整体动态趋势更加平稳；同时，标题通货膨胀（π_t）和核心通货膨胀（π_t^*）两者之间的差序列即 $\pi_t - \pi_t^*$ 应该是平稳序列，不应该具有任何的趋势。这构成了"中国核心通胀指数是核心通胀的有效测度"这一命题的必要条件，这也是对核心通胀指数统计性质的基本要求。核心通胀指数评价标准的关键在于，观察其是否剔除了标题通货膨胀中的暂时性冲击扰动成分，并体现总体物价水平的潜在长期走势。按照核心通胀的概念界定，可知其波动程度应小于标题通货膨胀。此外，π_t^* 应能够完全解释 π_t 中的趋势性成分，二者之间的缺口是由短期、局部冲击导致的暂时性偏离，因而这一缺口应该是一个平稳序列。

表 3.3 给出了 CPI、核心通胀指数及序列 $\pi_t - \pi_t^*$ 的基本统计性质和假设检验结果。检验结果表明，本节构建的核心通胀指数与 CPI 拥有相同的均值，且方差更小，同时满足" $\pi_t - \pi_t^*$ 是平稳序列"的有效性要求。

表 3.3　核心通胀指数的统计检验：描述性统计与基本统计性质检验

变量	均值	标准差	检验原假设（H0）	检验统计量	P 值
CPI	102.3446	2.124287	CPI 与核心通胀指数的均值相同	−0.2101	0.8337
核心通胀指数	102.3407	0.614227	核心通胀指数的标准差小于 CPI 标准差	11.8270	0.0000
$\pi_t - \pi_t^*$	0.0338	2.1114	$\pi_t - \pi_t^*$ 不是平稳序列	−3.1392	0.0018

注：（1）均值检验使用 t 检验；（2）标准差检验使用 F 检验；（3）平稳序列检验使用不含截距项和趋势项的 ADF 检验。

根据表 3.3 的检验结果可以看出，核心通货膨胀指数与 CPI 的均值是相等的，并且两者的差序列也是平稳序列。由此，本节构建的核心通货膨胀指数具备无偏性，其在长期趋势上与标题通货膨胀保持一致，图 3.2 也体现了这一特征。从核心通货膨胀指数的标准差小于标题通货膨胀可知，其波动程度小于标题通货膨胀，有效地剔除了暂时性冲击扰动项，更能反映通货膨胀长期、潜在的水平。

四、本节小结

本节首先分析了 SVAR 模型的基本原理，详细阐述了 SVAR 模型测度核心通货膨胀指数的具体步骤及其内在逻辑。之前的学者在运用 SVAR 方法构建核心通胀指数时，往往在变量选取方面欠缺理论基础，而本节借鉴了古典主义的货币数量论的原理，在新古典框架下利用数理方法推导一般价格水平变动率的表达式，奠定了构建核心通货膨胀率的理论基础。随后，基于 SVAR 模型，选取 GDP、CPI、M_2 和食品价格四个变量来估计中国核心通货膨胀率。直观来看，本节构建的核心通货膨胀指数与 CPI 的动态走势基本一致，波幅较 CPI 更小，起到了"削峰平谷"的作用。结合实际经济运行状况分析，可知核心通货膨胀指数很好地契合经济运行态势，消除了短期冲击与部门异质性扰动。最后，为了验证本节所构建的核心通胀指数是否满足稳定性条件，即核心通货膨胀与标题通货膨胀的总体走势相同并具有更小的波动性，以及 $\pi_t - \pi_t^*$ 是平稳序列。表 3.3 的实证检验结果表明，本节所构建的核心通胀指数与 CPI 具有相同的均值，即具备相同的动态走势；且标准差更小，说明其波动性更小；同时，统计结果的 P 值也证明了 $\pi_t - \pi_t^*$ 是平稳序列。可见，不管是从图形分析上还是实证结果上来看，本节采用 SVAR 方法构建的核心通货膨胀指数均满足定义的基本要求，是有效的通货膨胀测度指标。

第五节　中国核心通胀指数：货币政策含义及有效性检验

统计性质检验给出了"中国核心通胀指数是核心通胀的有效测度"这一命题的必要性条件，但这尚不足以证明该命题的充分性。评价中国核心通胀指数是否有效，归根结底是要看该指数能否用于指导中国货币政策实践。具体来说，就是要看该指数是否能够刻画物价变动的长期趋势，能否为预测未来通胀走势提供有用信息。本节分析和阐述中国核心通胀指数的货币政策含义，并检验其在指导货币政策实践中的适用性和有效性。

一、核心通胀指数是物价趋势成分的准确测度

美国 20 世纪 70 年代滞胀时期的调控经验启示我们，为稳定宏观经济运行，货币政策应该对物价变动的长期趋势性成分作出反应，而不应对临时性、局部性冲击作出反应。否则，货币政策非但无法稳定通胀，还可能引发经济的衰退。由此，货币政策最终目标的选择不应该是 CPI 或所有商品的一般价格水平，而应该是物价变动的趋势性成分。这是货币政策实践中最基础、最根本的参考指标，无论是实行通胀目标制还是实行其他类型的政策目标制，无论采取何种货币政策调控框架或采用何种政策工具，央行对政策取向的选择都必须建立在准确研判物价走势的基础上。因而实现物价趋势性成分的准确测度，是保证货币政策效力的基本前提。

对第四节所构建的核心通胀指数的统计检验表明，该指数较 CPI 更为平稳。但这一统计学上的性质尚不足以从经济理论层面确证核心通胀指数是物价趋势

性成分的准确测度。为此，Marques（2003）提出"吸引子检验"。这一检验的核心思想是，如果核心通胀指数是标题通胀的长期趋势，则标题通胀应该会向核心通胀收敛，或者说核心通胀是标题通胀的"吸引子"。通过检验这一收敛是否存在，即可判断核心通胀指标是否是物价长期趋势的有效测度。

具体而言，这一检验包含两个条件。

（1）核心通胀 π_t^* 是标题通胀 π_t 的吸引子，即存在误差修正机制，使标题通胀向核心通胀收敛。这一条件是检验核心通货膨胀是否能够反映标题通货膨胀的长期趋势，是否具备预测标题通货膨胀的能力。具体而言，当 $\pi_t > \pi_t^*$ 时，未来的 π_t 会下降。原因在于标题通货膨胀中的暂时性冲击和部门特有的异质性冲击导致的价格波动是暂时的，所以未来的标题通货膨胀会下降。反之，当 $\pi_t < \pi_t^*$ 时，未来的 π_t 会上升。与前述原因相同，暂时性和异质性冲击导致物价水平的大幅下降，那么在暂时性影响消除之后未来的标题通货膨胀会反弹，即核心通货膨胀是标题通货膨胀的吸引子。以数理模型表示，即式（3.22）中误差修正项系数 γ 的统计结果应当显著小于0：

$$\pi_{t+h} - \pi_t = \alpha_0 + \alpha_1(\pi_{t+h-1} - \pi_{t-1}) + \cdots + \alpha_p(\pi_{t+h-p} - \pi_{t-p})$$
$$+ \gamma(\pi_t - \pi_t^*) + \varepsilon_{t+h} \tag{3.22}$$

我们基于保证在其他条件不变的情况下检验 $\pi_t - \pi_t^*$ 的边际预测能力的前提下，在回归模型中加入被解释变量 $\pi_{t+h} - \pi_t$ 的滞后项。

（2）标题通胀 π_t 不是核心通胀 π_t^* 的吸引子，检验了核心通货膨胀能否彻底地剔除暂时性冲击和异质部门冲击导致的价格波动。根据已有的文献结果分析，如果核心通货膨胀已经彻底地消除了暂时性冲击和异质部门特有冲击带来的价格变化，那么标题通货膨胀和核心通货膨胀差序列 $\pi_t - \pi_t^*$ 应该与核心通货膨胀本身不应该存在相关性，也不应该对未来的核心通货膨胀有任何影响或预测作用。这要求在式（3.23）中误差修正项系数 λ 的统计结果应当不显著异于0：

$$\pi_{t+h}^* - \pi_t^* = \beta_0 + \beta_1(\pi_{t+h-1}^* - \pi_{t-1}^*) + \cdots + \beta_p(\pi_{t+h-p}^* - \pi_{t-p}^*)$$
$$+ \lambda(\pi_t - \pi_t^*) + \eta_{t+h} \tag{3.23}$$

与式（3.22）类似，为了保证在其他条件不变的情况下检验 $\pi_t - \pi_t^*$ 的边际预测能力，因而在回归模型中加入被解释变量 $\pi_{t+h}^* - \pi_t^*$ 的滞后项。

表 3.4 给出了吸引子检验结果。在滞后 1—12 阶的范围内，式（3.22）中误差修正项 $\pi_t - \pi_t^*$ 系数 γ 的估计值都显著小于 0，说明核心通胀表现为标题通胀的吸引子，标题通胀存在向上一节构建的核心通胀指数收敛的趋势。式（3.23）中误差修正项系数 λ 的估计值在长期不显著异于 0，表明上一节构建的核心通胀指数较好地剔除了 CPI 中由经济短期、局部冲击造成的波动。

表 3.4   核心通胀指数的有效性检验：吸引子检验

h	γ	λ	h	γ	λ
1	− 0.0620 ***	− 0.0817 ***	7	− 0.1312 ***	− 0.0496
2	− 0.0750 ***	− 0.0679 **	8	− 0.1465 ***	− 0.0827
3	− 0.0530 *	− 0.0846 ***	9	− 0.1997 ***	− 0.0416
4	− 0.0800 ***	− 0.0394	10	− 0.1447 ***	− 0.0181
5	− 0.0983 ***	− 0.0608 *	11	− 0.1314 ***	− 0.0345
6	− 0.1153 ***	− 0.0624 *	12	− 0.1852 ***	− 0.0098

注：回归系数右上角的 *** 、** 和 * 分别表示该值在 1%、5% 和 10% 的显著性水平异于 0。

吸引子检验的结果表明，上一节利用 SVAR 方法构建的中国核心通胀指数有效剔除了经济中暂时性、部门性冲击导致的价格波动，是核心通胀的一个有效测度指标，适用于指导货币政策调控。

物价稳定是经济平稳运行从而实现持续增长的前提，只有经济稳定持续增长才能保证充分就业，只有当物价维持稳定水平才能保证国际收支处于平衡。因此，维持物价稳定是各国中央银行或货币当局长期以来所希望达到的最终目的，也是货币政策的重要目标。而制定合理的货币政策以实现物价稳定的前提在于货币政策制定者对通货膨胀的整体走势和未来波动状况有一个全面准确的了解，要保证货币政策决策的有效性就需要有一个准确的通货膨胀测度指标。货币政策对经济的影响和作用具有明显的滞后性，因而货币当局制定货币政策时需要具备一定的前瞻性。标题通货膨胀率因其构成成分中含有短期暂时性冲击和异质部门特有的冲击，增加了临时性非货币冲击导致价格波动的概率，欠缺稳定性。核心通货膨胀取之于标题通货膨胀，但通过"吸引子检验"证明其显著彻底剔除了暂时性和部门异质性价格波动，反映总体物价水平的长期运行趋势，能够较好地预测未来标题通货膨胀，因而能够为货币当局在制定货币政策时提供较为准确的参考。核心通胀指数反映的是物价水平的持续性趋势，其货币政策的指导价值在于其对于未来通货膨胀变化趋势的反映，而这也是中央银行最为关注的地方。构建核心通胀指数除了能够增加通胀目标测度指标的准确性外，还能够从复杂的标题通货膨胀成分构成中提取能够预测未来通货膨胀走势的重要信息，能提升对未来通货膨胀预测的准确性，最大限度地反映潜在通货膨胀压力，更好地把握未来通货膨胀的走势。因此，关注核心通货膨胀不仅有利于货币当局精准把握当前通货膨胀形势，还有利于货币当局更为准确地估计通货膨胀的未来走势，从而在制定货币政策拥有真实可靠的参照指标，进而实现宏观经济的稳定运行。

二、核心通胀指数预测未来通胀效果检验

如第一节分析中所言，货币政策的实施存在时滞效应，即从政策实施到效果发挥会存在一定的间隔。为改善政策时滞带来的政策效果不合意，我国央行提出货币政策要"适时适度预调微调"。"预调"的前提条件是，央行能够准确研判未来的经济走势，即能够准确预期未来物价波动的方向和程度，并能有针对性地提前采取措施予以对冲，由此维护经济稳健运行。

作为未来通胀预期的有效预测指标，上一节构建所得的核心通胀指数在货币政策中可发挥两方面作用。一是作为央行的政策参考指标直接用于制定货币政策。核心通胀指数反映了物价运动的长期趋势性成分，因而从逻辑上分析，这一指标对未来通胀水平有先导作用，可用于预测未来通胀水平，反映潜在通胀压力。由核心通胀指数着手，货币当局能够更加准确地把握通胀的未来走势，获得更为丰富的决策信息。

二是用于引导公众预期。通胀预期管理是行之有效的非常规货币政策，通过利用"预期自我实现"机制改变居民行为决策，降低央行的干预成本。核心通胀指数可从两方面助力通胀预期管理。一是发挥"锚定效应"，稳定公众通胀预期。CPI中包含的"噪声"使社会公众对于未来价格水平的变动趋势难以形成稳定的预期，核心通胀指数通过滤掉这些噪声，对公众预期起到锚定作用，一定程度上削弱暂时性冲击对公众预期的影响。二是"预期效应"，核心通胀指

数对 CPI 表现出了先导性，有助于社会公众形成正确的通胀预期。通常来看，核心通胀指数的趋势转变早于 CPI 1～3 个月。以我国 2007—2009 年的一轮较大幅度物价波动过程为例，核心通胀指数在 2008 年 2 月达到顶点并开始回调，而 CPI 直到同年 4 月方才触顶；次年 5 月，核心通胀指数触底后开始回升，而 CPI 直到 7 月才开始强势反弹。在 2008 年前后的物价波动周期中，核心通胀指数的趋势性反转领先 CPI 约 2 个月，因而关注核心通胀指数有助于社会公众确立正确的通胀预期。

Bryan 和 Cecchetti（2000）、Clark（2001）、Smith（2004）等的研究提出了评判核心通胀指数对未来通胀预测效果的评判方法。这些文献将标题通货膨胀作为被解释变量，解释变量设置为核心通货膨胀的当期值或滞后值，根据数理方程的回归分析得到标题通货膨胀的预测值，再采用均方误差等统计指标来评价预测值。预测值与实际值的偏离越小，则说明核心通胀序列越有效。

Marques（2003）指出，这一方法存在瑕疵：核心通货膨胀剔除了短期波动成分，因而理论上无法单纯依靠核心通胀指数来预测标题通胀。Wynne（2008）提出因为预测未来的标题通货膨胀是评估核心通货膨胀的最终目的，根据核心通货膨胀进行一元预测的方法准确性得不到保证，应当采用包含更多信息的多元预测方法，参考 Wynne（2008）的意见，并结合本章第四节基于新古典框架的理论分析，我们建立包含 CPI 自身滞后项、产出增速和货币供给增速的预测模型以作为基准模型，并在基准模型解释变量的基础上添加误差修正项 $ecm_t = \pi_t - \pi_t^*$ 以作为检验模型，通过比较两模型样本期内预测的均方误差（Mean Square Error, MSE）来检验核心通胀指数是否能够改善基准模型对 CPI 的预测精度。若核心通胀指数可以提供改进 CPI 预测精度的有用信息，则检验模型较之于基准模型应该有更小的均方误差。

基准模型：$\pi_t = c_1 + \alpha_{1,i} \cdot \pi_{t-1} + \beta_{1,i} \cdot y_{t-i} + \gamma_{1,i} \cdot m_{t-i} + \varepsilon_{1,i,t}$

检验模型：$\pi_t = c_2 + \alpha_{2,i} \cdot \pi_{t-1} + \beta_{2,i} \cdot y_{t-i} + \gamma_{2,i} \cdot m_{t-i} + \mu_{2,i} \cdot ecm_{t-1-i} + \varepsilon_{2,i,t}$

式中 $i = 1, 2, 3, \cdots, 12$，分别表示向前 1，2，3，$\cdots$，12 期的预测。各变量的数据口径及来源与指数构建部分相同。由于数据序列一阶单整，本部分使用一阶差分数据进行建模。

基准模型和检验模型的均方误差计算结果见表 3.5。在 1~12 期的预测期内，检验模型的均方误差始终小于基准模型的均方误差，t 检验表明这一数量关系在 1% 水平下显著。预测能力检验表明，第四节构建的核心通胀指数有效改善了对 CPI 的预测精度，是核心通胀的一个有效测度。

表 3.5　　　　　　　　基准模型与检验模型预测结果的均方误差

预测期	1	2	3	4	5	6
基准模型	0.3588	0.3655	0.3675	0.3808	0.3687	0.3732
检验模型	0.3520	0.3487	0.3483	0.3398	0.3379	0.3324
预测期	7	8	9	10	11	12
基准模型	0.3813	0.3776	0.3793	0.3694	0.3755	0.2748
检验模型	0.3233	0.3119	0.3331	0.3011	0.3528	0.2357

三、本节小结

本节在对标题通货膨胀和核心通货膨胀的作用原理理解的基础上，深入剖析了二者之间的联系以及其与货币政策之间的关系。通过第四节中对核心通胀指数的统计检验，可知第四节估计的核心通胀指数满足基本的统计要求，但是更详细的有效性却不得知。因此本节通过吸引子检验和预测能力检验对估计的核心通胀指数进行验证，并讨论检验结果的货币政策指导含义。

吸引子检验结果证明核心通胀指数是物价趋势成分的准确测度，能够显著彻底地剔除暂时性和部门特有异质性的价格波动成分，从而反映出物价水平真实的长期趋势。预测能力检验结果证明核心通胀指数是未来通胀的有效预测指标，检验模型在预测期内均方误差始终小于基准模型，第四节构建的核心通胀指数有效改善了对 CPI 的预测精度，为货币政策实施提供有效的预测信息。

依据我国的具体国情，为了实现更为有效的稳定物价的货币政策目标，中央银行在短期决策中重点关注标题通货膨胀，充分照顾物价变动的基本走势，但同时也要考虑兼顾前瞻性和稳定性的核心通货膨胀，预估通货膨胀的长期变化趋势，这也是本章构建中国核心通货膨胀指标的目的所在。

第六节　结论与政策建议

目前，传统通货膨胀测度指标（如 CPI）因其编制方法存在的先天不足，易受暂时性冲击和部门异质性冲击的影响而在短期内出现较大波动。而央行在制定货币政策时，需要密切跟踪物价波动中的核心变动趋势，预估通货膨胀的未来趋势变化，这就需要有一个既能准确测度当前通胀程度，又具有前瞻性的通胀测度指标。

因此，本章首先阐述了核心通货膨胀的"普遍性"和"持续性"定义，分析了 CPI 在测度中国通货膨胀中存在的失真问题，指出了我国编制核心通货膨胀指标的必要性。其次，在新古典主义框架下利用数理模型推导核心通胀的影响因素，建立了包含产出、货币供应量、CPI 和食品价格四变量的 SVAR 模型估计得到中国核心通胀指数，并从基本统计性质角度分析了中国核心通胀指数的稳定性。结果显示核心通胀指数有效地剔除了暂时性冲击扰动项，更能反映通货膨胀长期、潜在的水平。最后，对构建的核心通胀指数进行有效性检验，并基于检验结果讨论核心通胀指数的货币政策含义。检验结果显示，构建的中国核心通货膨胀指数很好地剔除了标题通货膨胀中的短期冲击和异质性扰动，是物价趋势成分的准确测度指标，也是未来通胀的有效测度指标，对央行制定货币政策具有很好的指引效果。综合以上研究结果，本章提出以下三点政策建议：

第一，央行应当将核心通胀指数纳入政策体系，避免单一盯住 CPI 所可能导致的产出波动。传统意义上的通货膨胀更多反映的是物价水平的短期趋势；有别于此，核心通货膨胀在其定义上剔除了自然灾害和气候等非货币冲击因素，呈现的是整体物价水平长期稳定的趋势。而单一盯住 CPI 容易误导货币政策导向，可能导致产出波动，因此应当结合核心通货膨胀指数，将其纳入政策体系，综合作为宏观经济政策指标的"操作指引"。

第二，央行应该向社会公众公布和宣介核心通胀指数，发挥好核心通胀指数名义锚作用，有效引导和管理公众通胀预期。核心通货膨胀指数剔除了短期波动成分，较于传统的通货膨胀测度指标能更加准确地反映出总需求和总供给之间的真实关系，反映整体物价水平中长期稳定的核心成分，更为精准地反映出当前通货膨胀的潜在趋势和未来走势。因此，在选择宏观调控货币政策目标时，中央银行应当紧盯核心通货膨胀指数，实时公示各期数据，此做法有助于引导公众形成真实合理的通货膨胀预期。

第三，央行需要充分挖掘核心通胀指数中的预测信息，提高货币政策的前瞻性水平。核心通货膨胀指标能够在复杂的经济运行形势中，较为准确地预测未来标题通货膨胀水平的长期趋势。因此，充分挖掘核心通货膨胀对标题通货膨胀的预测能力，有助于提高货币政策的前瞻性，有利于实现宏观经济的平稳运行。

第四章

中国广义价格指数编制及检验

第一节　引言

　　目前的金融宏观调控主要是针对价格水平变动作出反应，因此准确测度通货膨胀是优化货币政策调控效果，推动经济行稳致远的重要前提（丁慧等，2014）。然而，正如刘金全等（2017）所指出的，现阶段我国实体经济周期与金融周期出现了高度错配。具化到物价水平上，这一现象主要表现为资产价格剧烈波动与一般消费品价格水平相对平稳长期并存（见图4.1）。根据通货膨胀最基本的定义——所有"商品"价格的普遍上涨，而并非仅仅表现为 CPI 通货膨胀，可以认为近年来的通货膨胀呈现出明显的"结构性"特征（张晓慧，2012）。在通货膨胀主要表现为"结构性"通胀的背景下，传统 CPI 指标仅仅反映实体经济部门物价水平的一般性波动，在把控虚拟经济部门物价走势方面存在明显短板，已经难以准确表征一般价格水平。

　　现行 CPI 指数衡量整体价格水平的准确性显著降低，新形势下以 CPI 作为通货膨胀标的宏观调控政策逐渐失准，甚至可能会进一步加剧经济"脱实向虚"。

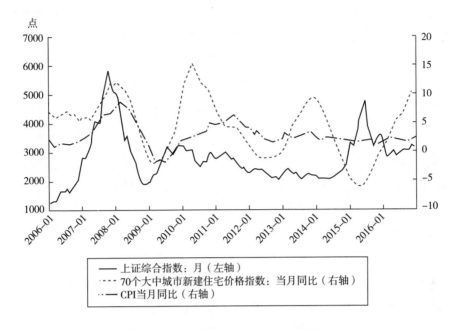

点

图4.1　代表性资产价格与消费品价格波动趋势

Borio（2005）指出，在盯住 CPI 的货币政策框架下，各国央行的反通胀措施并未真正地控制总体通胀水平，而只是将通胀压力从商品与劳务领域转移到资产领域，从而导致金融风险的累积与金融失衡的加剧。近年来我国消费品价格整体平稳，若仍以 CPI 作为中央银行的通胀锚定指标，货币政策可能偏于宽松，导致虚拟经济部门过度膨胀，进一步挤压实体经济部门的生存空间，导致实体产品消费不振而消费品价格偏低；而一旦金融泡沫破裂，"结构性"通胀可能转为"结构性"通缩，甚至导致严重的经济危机。为避免未来我国出现"结构性"通胀与"结构性"紧缩之间的恶性循环，有必要进一步深入研究如何更准确地衡量一般价格水平这一重大问题。

　　针对合理测度通货膨胀的问题，国内外学术界已有大量研究，大部分学者认为 CPI 在衡量通胀方面的缺陷源于 CPI 自身编制不合理，并据此主张对 CPI 本身进行修正。但正如张成思（2011）所指出的那样，调整 CPI 子类权重并不能实质性地解决 CPI 通胀测度的偏差问题。这一思想引起我国货币政策当局的足够重视，拓宽中央银行通胀关注范围成为未来可能的改革方向。时任中国人民银行行长周小川以及货币政策司司长张晓慧曾在多个场合表示中国的货币政策不能仅仅盯住 CPI，而 2012 年 9 月 17 日发布的《金融业发展与改革"十二五规划"》更是明确提出"要进一步优化货币政策目标体系，更加突出价格稳定目标，关注更广泛意义上的整体价格水平稳定"。鉴于仅仅修正 CPI 指标子类权重并不能从根本上解决其测度偏差问题，而我国中央银行已经有意拓宽通货膨胀测度体系，构建能够反映整体价格水平的广义价格指数成为一大重要研究方向。

鉴于此，本章拟基于新凯恩斯一般均衡模型分析广义价格指数编制的理论基础，结合我国国情甄别选择隐含未来通胀信息的代表性资产价格指标，并将其纳入通胀测度以编制基于微观理论基础与多重实证检验的中国广义价格指数，具有比较重要的理论价值与现实意义。

第一，深入阐述广义价格指数编制的微观理论基础。已有相关文献在确定广义价格指数各成分指标权重时，大多采用偏重于计量统计的实证方法而忽视微观理论基础的构建。本章针对广义价格指数编制问题，通过多部门新凯恩斯一般均衡分析，建立了实证构建与理论基础的内在联系，是基于理论层面对现有研究的进一步补充与完善。

第二，实证甄选广义价格指数的资产价格成分指标。已有大量文献表明不同类资产价格与通货膨胀间的相互关系存在一定差异，然而目前广义价格指数相关研究通常基于主观标准选取纳入通胀测度的资产价格指标，对于所纳入资产价格指标与通货膨胀关系的事前检验明显缺失，导致所构建广义价格指数的准确性与有效性受到质疑。本章将基于我国相关数据，综合运用文献研究方法与实证分析方法，甄别真正能够正向引起通货膨胀波动的代表性资产价格指标，为将合理资产价格成分指标纳入通胀测度提供实证依据。

第三，兼筹并顾经济增长与金融稳定等宏观调控目标。在金融市场对于宏观经济的影响程度不断加深的背景下，如果宏观调控只关注 CPI 或者核心 CPI，不仅难以保证经济行稳致远，还可能引发资产型通货膨胀导致经济金融不稳定。本章拟构建的广义价格指数是整合消费品价格和资产价格所蕴含经济信息的结果，以其作为通货膨胀关注指标的宏观调控政策在推动经济增长的同时，能够在一定程度上兼顾金融稳定。

第四，有利于提高关注广义价格指数货币政策的前瞻性。货币政策通常需要经过数据的收集与分析、政策的制定与实施、市场传导等过程才能最终发挥其效果，货币政策调控的固有时滞与宏观经济形势的瞬息万变是一对内生矛盾。要提高宏观调控的针对性与有效性，中央银行应该基于科学预测的基础进行事前预期与前瞻操作，而鉴于资产价格在一定程度上具有预测未来通货膨胀的能力，将资产价格纳入中央银行关注范畴，有助于提高货币政策的前瞻性。

本章其余部分的安排如下：第二节比较系统地梳理国内外已有的关于资产价格影响通货膨胀以及将资产价格纳入通胀测度的相关文献，总结现有研究所取得成果与相应不足之处；第三节阐述资产价格影响通货膨胀、资产价格纳入通胀测度的相关理论，并深入分析 Mankiw 和 Reis（2003）的多部门新凯恩斯一般均衡模型，剖析价格指数中各价格指数成分最优权重确立的内在机理；第四节基于文献研究法初步甄选我国代表性资产价格指标，并实证检验各类资产价格指标是否正向引起通货膨胀，确定包含有效通胀信息的资产价格指标，为广义价格指数中资产价格成分的选取提供实证依据；第五节在前文一般均衡分析基础之上，将通过检验的资产价格加入中国广义价格指数编制，综合运用 GMM 计量方法与 Interior - Point 最优化算法编制出了我国的广义价格指数，并结合广义价格指数与居民消费价格指数的动态特征，从多个角度对两大价格指数进行比较，证明了广义价格指数更适于作为中央银行的通货膨胀关注指标；第六节基于一系列研究结果，提出相应结论及政策建议。

第二节　文献综述

一、资产价格影响通货膨胀的相关文献

（一）基于单一金融资产价格的研究

资产价格与通货膨胀关系的研究由来已久，在研究的早期，学者们大多关注于某一特定金融资产价格对通货膨胀的影响。经过诸多学者的持续研究，学术界最终形成了两种学术观点。

一部分学者的研究表明，资产价格变动与通货膨胀之间存在稳定关系。Smets（1997）指出资产价格可以通过财富效应与通胀预期等渠道影响通货膨

胀。Kent 和 Lowe（1997）对资产价格影响产出和通货膨胀的非对称性加以探究，发现相比于资产价格下跌，资产价格上涨时对产出与通货膨胀的影响更显著。Cecchett（2010）基于自回归预测模型的实证研究发现，资产价格能够较好地预测未来通货膨胀。段忠东（2012）运用门限模型实证检验了房地产价格与通胀、产出之间非线性动态关系，证实了房价对未来产出与通胀的影响具有门限效应。张淦等（2015）验证了房价波动正向作用于物价水平，并指出资产短缺背景下我国房地产价格攀升对通货膨胀的拉动作用有所减弱。随着计量方法的持续发展与研究的不断深入，一些学者将多种资产价格纳入实证模型，比较分析各类资产价格对于通货膨胀的影响。Goodhart 和 Hofmann（2000）研究发现，在预测未来通货膨胀方面，房地产价格的表现优于股票价格。Stock 和 Watson（2003）基于跨国数据进行实证研究，发现只有部分国家的部分资产价格能够作为未来通胀的良好指示器。戴国强和张建华（2009）运用 ARDL 模型对我国资产价格与通货膨胀的关系进行经验分析，发现资产价格波动确实对通货膨胀造成影响，其中房地产和汇率指标影响显著，而股票影响相对较弱。邢天才和田蕊（2010）的研究发现，股价、房价、汇率、利率和通胀以及产出之间存在着稳定的长期关系。纪敏等（2012）运用状态空间模型实证分析资产价格对通货膨胀的影响，发现房价对通货膨胀造成了显著影响，而没有证据表明股价影响到物价水平。陈继勇等（2013）基于 COBS 模型对我国 1998—2011 年的资产价格极度繁荣与极度萧条时期进行了研究，发现股票价格与房地产价格均隐含了未来产出和通货膨胀的有用信息，且在样本期内我国货币政策制定考虑了资产价格波动的因素。

另一部分学者则认为，资产价格与通货膨胀指标之间的相关关系缺乏稳定性。Shiratsuka（1999）指出，金融资产价格与未来价格水平之间并不存在稳定关系，资产价格波动并不一定预示着通货膨胀波动。Bordo 和 Wheelock（2004）综合分析近两百年来美国的股票价格与通货膨胀数据后发现，股票价格波动与通货膨胀变动并不存在可检验的统计规律。在其研究的样本期内，既包括了两者间存在正相关关系的典型时期，如 20 世纪初股票价格攀升之后，物价水平亦趋于上升，也包括了两者间负向相关的典型时期，当 20 世纪 90 年代股票价格泡沫比较严重时，CPI 指标却长期在低位徘徊。Kaufmann 和 Valderrama（2007）

运用 MS – VAR 模型，选取多个欧美国家的历史数据，基于预测误差方差分解方法，检验资产价格波动是否显著影响 CPI 指标所测度的通货膨胀，发现资产价格波动对通货膨胀的影响相当微弱。徐忠（2011）认为资产价格与通货膨胀之间并不存在稳定可检验的关系，并指出股票价格等资产价格未来消费价格指数的预测能力非常微弱。

（二）基于综合性资产价格指标的研究

一部分学者另辟蹊径，试图构建能够综合反映资产价格状况的指标，以深入探究资产价格与通货膨胀的关系，并取得了一系列重要的学术成果。Goodhart 和 Hofmann（2001）在货币状况指数（Monetary Condition Index，MCI）的基础之上，将房地产价格与股票价格纳入指数编制，构建了更为全面的金融状况指数（Financial Condition Index，FCI）。相比于单一资产价格，作为综合衡量资产价格的指标，FCI 指数在研究资产价格与通货膨胀关系问题时具有一定优势。在 Goodhart 和 Hofmann（2001）的开山之作之后，国内外学者相继构建了 FCI 指数，并进一步对金融市场状况与宏观经济变量的关系加以探讨。王玉宝（2005）分别采用总需求缩减式和 VAR 模型测算了我国的 FCI 指数，发现 FCI 指数与通货膨胀指标存在很高的相关性。封北麟等（2006）将真实货币供给纳入中国 FCI 指数的考察范畴，实证结果表明 FCI 对通货膨胀具有较好的预测性。陆军和梁静瑜（2007）发现金融状况指数与 GDP 增长率走势比较契合，且金融状况指数能够较好地预测未来通货膨胀，并提出将金融状况指数作为中国货币政策的重要参考指标。Swiston（2008）基于 VAR 脉冲响应分析构建了美国的 FCI 指数，认为其可以有效预测实际 GDP 增长率。李强（2009）基于简化的结构模型构建了金融状况指数，发现相比于传统通胀指标，这一新构建的指数具有更为丰富的信息。郭晔和杨娇（2012）基于两种 VAR 模型构建了中国 FCI 指数，研究发现 FCI 指数对于通货膨胀具有先导作用。栾惠德和侯晓霞（2015）基于动态因子模型，采用混频数据测算了我国实时金融状况指数，发现其对于未来通货膨胀的预测效果优于各成分指标。肖强和司颖华（2015）基于总需求方程缩减式构建了我国 FCI 指数，并基于不同金融状况视角，分析了金融市场对产出和价格影响的非对称性。在早期的研究中诸多学者通常将 FCI 指数子成分的权重设为固定数值，所编制 FCI 指数未能充分考虑到各金融变量的跨期变动。

近年来，国内外学者构建了时变权重的动态金融状况指数（Dynamic Financial Condition Index，DFCI）以进一步完善相关研究。Hatzius 等（2010）基于动态因子模型构建了 DFCI，并检验了 DFCI 对未来经济活动的良好预测效果。卞志村等（2012）基于状态空间模型构建了时变系数的 FCI 指数，指出其对未来产出与通胀具有良好预测能力。周德才等（2015）基于 MI－TVP－SV－VAR 模型确定各金融变量的动态权重，发现我国灵活动态金融状况指数能够很好地预测通货膨胀。邓创等（2016）运用 TVP－VAR 模型，建立了包含股价、房价、利率、汇率、货币供给量以及信贷规模等多个金融变量的动态金融状况指数，研究发现动态金融状况指数波动显著领先于通货膨胀变动。

二、资产价格纳入通胀测度的相关文献

针对是否应将资产价格纳入通货膨胀测度的争论已久。对于这一问题，国内外学者的观点可以分为两类。一部分学者认为应当将资产价格纳入通货膨胀测度体系。美国经济学家费雪在其 1911 年出版的专著《货币的购买力》中提到，政策制定者应力求广义价格水平稳定，即综合考虑一般商品价格（生产、消费与服务）与资产价格（股票、房地产等）。Goodhart（2001）指出，资产价格包含有未来经济信息，许多资产价格，尤其是房地产价格应当受到中央银行的充分重视。国内学术界也有不少学者持此意见。王维安和贺聪（2005）基于房地产均衡市场模型实证分析我国房地产市场，发现房地产预期收益率与通货膨胀之间存在稳定的函数关系，并建议将房地产价格纳入居民消费价格指数以降低货币政策的认识时滞。张晓慧（2009）指出，中央银行在制定货币政策时有必要关注更为广泛意义上的整体价格水平变动。也有一部分学者认为，只有在一定条件下资产价格才应当被纳入通货膨胀指标。Bernanke 和 Gertler（1999）与 Mishkin（2007）的研究指出，仅在资产价格波动严重影响产出缺口稳定或者通货膨胀预期的情况下，货币政策当局才应关注资产价格波动。郭田勇（2006）指出，资产价格的波动机制复杂且其中泡沫成分难以鉴别，而资产价格指标不仅难以测量还存在内生不稳定性，因此在这些问题解决之前，中央银行没有必要将资产价格"内置于"所盯住的价格指数中。

关于如何将资产价格纳入通货膨胀测度，国外诸多学者也进行了一系列持

续性的研究。Alchian 和 Klein（1973）认为完全的通货膨胀指数应是同时包括当前消费和服务价格与未来消费和服务价格的广义价格指数。然而消费和服务价格的波动趋势存在不确定性，现有计量经济学技术难以综合模拟多方面因素的干扰，因此对未来消费和服务价格的事前估计难以实现。基于资产价格对未来消费品价格的先导性，Alchian 和 Klein（1973）提出将资产价格作为未来消费和服务价格的近似替代，构造了囊括当前与未来的消费和服务价格的广义消费价格指数——"跨期生活成本指数"。Pollak（1975）对 Alchian 和 Klein（1973）的研究加以补充，通过推演得到跨期生活成本指数的计算公式。Shibuya（1992）进一步拓展 Alchian 和 Klein（1973）的研究，通过对效用函数的优化，构建了更具可操作性的动态均衡价格指数（DEPI）。完成 DEPI 指数的构建后，Shibuya（1992）对 DEPI 指数与 CPI 指数进行了系统比较，研究发现相比于 CPI 指数，DEPI 指数能够更加准确地衡量总体通胀水平，其波动趋势亦更契合宏观经济运行状况。值得注意的是，尽管跨期生活成本指数与动态均衡价格指数将资产价格指标纳入价格指数编制，但是此处资产价格指标仅仅作为未来消费与服务价格的替代指标，因此从本质上来说，跨期生活成本指数仍然是消费品价格指数而非真正意义上的广义价格指数。不可否认的是，Alchian 和 Klein（1973）、Pollak（1975）与 Shibuya（1992）等学者的持续性研究，对于真正意义上广义价格指数的出现具有重要的引领作用。基于 Tullock（1979）提出的"除外商品偏误"概念，Bryan 等（2001）将资产价格纳入通货膨胀测度之中，综合运用动态因子指数方法，利用美国数据构建了纳入资产价格的广义通货膨胀指标。考虑到构建价格指数的文献大多偏重于计量模型，Mankiw 和 Reis（2003）基于一般均衡模型分析，为价格指数的编制搭建了计量分析与经济理论的内在联系。Shah（2017）基于 Mankiw 和 Reis（2003）的理论模型，构建了包含股票价格的稳定物价指数（SPI），研究表明修正后的价格指数有效提升了中央银行效用。

　　国内的相关研究相对比较滞后，随着近年来经济形势的变化与计量手段的革新，构建广义价格指数的实证研究才逐渐涌现。汪恒（2007）基于实证研究发现，相比于传统通货膨胀指标，纳入房地产价格的修正通胀指标能够更准确地反映当前和未来的实际物价水平。曾辉等（2010）采用动态因子法和动态均衡价格指数法将资产价格成分加入传统通胀指标，发现修正后的广义通胀指标在多个维度优于传统通胀指标。罗忠洲和屈小粲（2012）采用不同方法编制了纳入资产价格的广义通胀指标，比较发现动态因子法编制效果更优。罗忠洲和屈小粲（2013）基于动态因子方法，构建了纳入资产价格修正的通货膨胀指数，发现修正后的我国通货膨胀指数优化了预测效果。丁慧等（2014）基于经济金融形势，采用动态因子法构建了反映中国整体物价水平的广义价格指数（GPI），分析发现，GPI 在衡量经济周期变化等方面优于传统 CPI，可以作为货币政策操作的重要参考目标。丁慧和范从来（2015）采用纳入资产价格的广义价格指数（GPI）作为新的通胀衡量指标，发现 GPI 指数对于经济周期波动仍具有较高的敏感性，指出中国菲利普斯曲线并没有真正"扁平化"。

三、研究述评

通过对既有关于资产价格宏观经济效应以及广义价格指数编制两方面重要文献的仔细梳理，不难看出：其一，尽管已有大量研究证明，资产价格包含有未来经济信息（Goodhart 和 Hofmann，2001；肖强和司颖华，2015；等），但是不同种类资产价格对于未来通货膨胀的影响尚有争论，譬如有学者指出股票价格与房地产价格均隐含了一定程度的未来通胀信息（陈继勇等，2013），也有学者指出房地产价格对我国通货膨胀存在显著影响而没有证据表明股票价格影响到物价水平（纪敏等，2012）。其二，现有构建广义价格指数的文献中，资产价格成分指标的选取标准大多偏于主观而未经实证检验，因此所选取资产价格成分指标与通货膨胀间可能不存在稳定的内在关联，所构建广义价格指数在一定程度上缺乏严谨性。其三，尽管将资产价格纳入通货膨胀的相关研究成果较为丰富，但在大部分相关学术研究中，广义价格指数的编制仅仅依赖于计量手段，而缺乏与主流经济学理论的直接联系，往往导致相关研究成果缺乏理论层面的说服力与可信性。

第三节 广义价格指数构建的理论基础

现阶段我国物价水平表现出资产价格剧烈波动与一般消费品价格水平相对平稳长期并存的"结构性"特征，在这一背景下我们认为我国货币政策当局有必要对资产价格予以关注。鉴于此，在查阅大量相关书籍文献后，基于已有的相关经济金融理论，本章提出构建广义价格指数。本节将广义价格指数构建的相关理论做了比较详尽的阐述，进而为后文的实证分析奠定比较坚实的基础。

一、广义价格指数构建的相关理论

本研究提出构建的广义价格指数是基于资产价格与通货膨胀间存在内在联系的前提，通过在传统消费品价格中加入资产价格成分得到的，因此对于广义价格指数构建相关经济理论的阐述主要围绕资产价格与通货膨胀间的关系来展开。在比较系统地总结相关经济理论后，我们将其划分为两大研究主题：第一个研究主题主要探讨资产价格影响通货膨胀的作用机制，而另一研究主题主要关注于是否应该将资产价格纳入通货膨胀测度。本部分将对这两大研究主题的相关理论进行比较详细的诠释，进而为下一节的数理模型分析提供研究思路。

（一）资产价格影响通货膨胀的相关理论

资产价格波动可以通过多种途径作用于通货膨胀（见图 4.2）。一方面，资产价格本身包含有未来经济信息，资产价格波动能够改变通货膨胀预期，进而直接影响未来通货膨胀；另一方面，资产价格上涨可以通过财富效应、托宾 q 效应、资产负债表效应等多种渠道影响消费与投资，进而作用于总需求，最终导致物价水平攀升，此即间接渠道。为进一步说明资产价格影响通货膨胀的内在机理，下文将分别阐述直接渠道与间接渠道的具体作用机制。

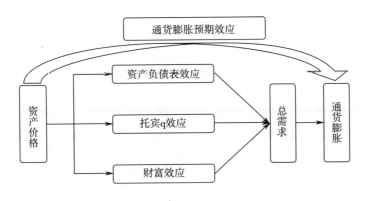

图 4.2　资产价格影响通货膨胀的主要途径分析

由图 4.2 不难看出，资产价格可以通过通货膨胀预期效应直接作用于通货膨胀，也可以通过资产负债表效应、托宾 q 效应与财富效应改变总需求进而影响通货膨胀。这四大效应不仅是资产价格影响通货膨胀的主要渠道，也是本章节中将资产价格纳入通胀测度的理论基础，故我们在此对这四类效应做逐一阐述。

其一，通货膨胀预期效应是指，资产价格包含关于未来宏观经济状况的有用信息，在一定程度上被视为未来通货膨胀的"指示器"。资产价格上涨之后，公众预期未来通货膨胀将会上涨，为尽量避免未来通胀上升导致其所持有货币的贬值，公众更倾向于在当期进行消费与投资，进而推动通货膨胀上扬。

其二，资产负债表效应包括两部分内容，即企业的资产负债表效应与家庭的资产负债表效应。其作用机制在于：资产价格的上涨将导致企业与家庭的净资产增加，从而使其更容易获得金融机构的融资，进而形成更高的投资支出，推动总需求上升，最终作用于通货膨胀。

其三，托宾 q 效应是由著名经济学家詹姆斯·托宾提出的，托宾 q 理论将资本市场与实体经济联系起来，揭示了货币经由资本市场影响投资的可能渠道。根据托宾 q 理论，托宾 q 是指企业的市场价值与其重置成本之比，托宾 q 的取值在一定程度上决定了企业的投资决策。具体而言，当资产价格上涨时，企业的市场价值上升，若其市场价值高于重置成本，即托宾 q 值高于 1，此时企业投资的边际收益大于边际成本，则企业会新增投资，进而推动总需求上升，最终导致通货膨胀上涨。

其四，财富效应也是资产价格影响通货膨胀的一大途径。首先，由于各类资产是家庭财富的重要组成部分，资产价格上涨意味着家庭财富的增加；随后，家庭财富的增加会使得家庭支出决策发生相应改变，其主要表现为当期消费支出增长；最后，消费增长将拉动总需求上升，并最终作用于通货膨胀。

（二）资产价格纳入通胀测度的相关理论

前文的分析已经指出，资产价格可以通过通货膨胀预期效应、资产负债表效应、托宾 q 效应以及财富效应等渠道，对未来通货膨胀施加多重影响。基于理论与实际相结合的研究方法，本部分首先对我国现实国情加以分析，随后指出将资产价格纳入通胀测度的内在机理。

长期以来，CPI 是我国测度通货膨胀的主要指标。在 21 世纪以前，我国金融市场规模小且发展程度极低，商品房市场亦刚刚起步，资产价格的影响力十分有限，测度消费品物价水平的 CPI 基本能够准确把控当前我国整体价格水平。然而，伴随着经济金融体系的不断发展，我国金融市场已经取得长足进步，房地产业更是被定义为国民经济的支柱产业（2003 年 8 月国务院出台的《关于促进房地产市场持续健康发展的通知》），资产价格对于整体价格水平的影响已经不容忽视。尤其值得注意的是，近年来我国整体价格水平呈现出消费品物价基本平稳而资产价格频繁波动的"结构性"特征。在这一背景下，若仍以 CPI 作为通货膨胀的单一关注指标，可能会导致宏观调控当局对经济形势的错误判断，进而降低经济金融体系的稳定性。在结构性通胀的大背景下，现行通货膨胀指标已不再能准确测度整体价格水平，因此有必要对现行通货膨胀指标加以修正。然而，正如张成思（2011）所指出的，调整 CPI 子类权重并不能实质性地解决 CPI 通胀测度的偏差问题；结合《金融业发展和改革"十二五"规划》所提出的要进一步"优化货币政策目标体系。更加突出价格稳定目标，关注更广泛意义的整体价格水平稳定"的说法，本章考虑通过纳入资产价格因素实现对通货膨胀指标的修正。

事实上，我们提出将资产价格纳入通胀测度来构建中国广义价格指数不仅基于现实思考，也具有一定经济学理论支撑。具体而言，我们将资产价格纳入通胀测度的经济学机理归纳为以下几点：其一，资产价格波动在一定程度上先导于通货膨胀波动，将资产价格纳入通胀测度，可以提高货币政策的前瞻性；其二，资产价格与消费品价格所包含的价格信息存在差异，将资产价格纳入通胀测度，能够拓宽中央银行信息集；其三，近年来资产价格的频繁波动趋于常态化，而现行通胀指标不能有效反映资产价格波动状况，将资产价格纳入通胀测度，有利于金融稳定目标的实现。

二、广义价格指数构建的数理模型

前一部分内容从多个角度说明资产价格能够影响通货膨胀，并结合理论与现实阐明将资产价格纳入通胀测度的内在机理，为广义价格指数构建奠定了一定的经济学理论基础。本部分则侧重于从数理角度入手，基于 Mankiw 和 Reis

（2003）构建的多部门新凯恩斯一般均衡模型，进一步对构建广义价格指数的理论基础加以解析。

自从 Alchian 和 Klein（1973）开创性地提出应该编制广义通货膨胀指标以来，研究者们进行了多方面的探索，提出了多种编制方法。然而，由于资产价格变动原因、影响方面的复杂性，以及各个物价指数序列变动很多时候并非同步、同量和同向的，广义价格指数编制的难度相对比较大，因而对于指数编制方法的要求比较高。总体来看，广义价格指数编制的重点和难点在于如何确定纳入的各价格指数成分的权重，而既有研究大多采用计量方法确定广义价格指数编制过程中纳入的价格指数成分最优权重，所得广义价格指数为人诟病的一大原因在于其权重确定过程缺乏理论支撑。与既有研究不同，本书基于 Mankiw 和 Reis（2003）模型展开的多部门新凯恩斯一般均衡分析中，各价格指数成分指标的最优权重是从中央银行效用（社会整体福利）最大化原则出发确定的，能够在一定程度上弥补广义价格指数构建过程缺乏理论基础的不足。

本部分从一般情形出发，初步解析 Mankiw 和 Reis（2003）提出的适用于价格指数构建的多部门新凯恩斯一般均衡基准模型，进而通过对两部门经济模型的深入解读，剖析总体价格水平中各部门价格权重确定的内在机理，为后文构建包含实体经济成分与虚拟经济成分的中国广义价格指数的实证分析及检验奠定理论基础。

（一）价格指数构建的基准模型

Mankiw 和 Reis（2003）假设经济是由无数具有自耕农性质的居民组成，他们既是经济中的生产者也是消费者。作为经济部门 K 中的生产者 i，他们投入自身劳动，运用自有资源进行生产；而作为代表性家庭，自耕农从消费中获得满足，同时厌恶劳动量的增加。在完全市场条件下，各自耕农居民拥有等额收入，又因为其消费偏好完全相同，因而必然选择同一水平下的相同消费组合 C_0，最终加总形成社会中的总消费 C。自耕农居民的效用函数设定为

$$U(C_0, L_{ki}) = \frac{C_0^{1-\sigma}}{1-\sigma} - L_{ki} \tag{4.1}$$

其中，σ 为相对风险厌恶系数，L_{ki} 为自耕农提供的劳动量。在各经济部门内部，自耕农居民投入自身劳动从事生产活动，Mankiw 和 Reis（2003）将其生产函数

设定为如下形式：

$$Y_{ki} = \left[e^{-a_k} (1 + \psi) L_{ki} \right]^{\frac{1}{(1+\psi)}} \quad (4.2)$$

其中，a_k 代表经济部门 K 内部随机的生产率冲击，而 ψ 衡量了规模效应的报酬。参考 Spence（1976）与 Dixit 和 Stiglitz（1977），Mankiw 和 Reis（2003）将产出设定为 CES 函数形式[①]：

$$C = \left[\sum_{k=1}^{K} \theta_k^{\frac{1}{\gamma}} C_k^{\frac{(\gamma-1)}{\gamma}} \right]^{\frac{\gamma}{(\gamma-1)}} \quad (4.3)$$

$$C_k = \left[\int_0^1 C_{ki}^{\frac{(\gamma-1)}{\gamma}} di \right]^{\frac{\gamma}{(\gamma-1)}} \quad (4.4)$$

其中，γ 衡量了经济部门之间的替代弹性，θ_k 是各经济部门产品在整体消费中的权重。结合式（4.2）和式（4.3）求解居民的消费支出最小化问题，得到整体价格 P 与经济部门 K 价格 P_k 分别为

$$P = \left[\sum_{k=1}^{K} \theta_k P_k^{1-\gamma} \right]^{\frac{1}{(1-\gamma)}} \quad (4.5)$$

$$P_k = \left[\int P_{ki}^{1-\gamma} di \right]^{\frac{1}{(1-\gamma)}} \quad (4.6)$$

假设各经济部门中有 λ_k 比重的自耕农基于当期信息进行价格更新，而另外 $(1 - \lambda_k)$ 比重的自耕农基于过去的信息定价。令 P_k^* 表示基于当期信息更新的定价，而 $E(P_{ki}^*)$ 表示基于往期信息确定的价格，由于在各经济部门中的自耕农特征相同，各自耕农基于当期信息更新的价格相等（$P_{ki}^* = P_{kj}^*$），且基于往期信息确定的价格也保持一致 $\left[E(P_{ki}^*) = E(P_{kj}^*) \right]$，因而该经济部门产品的最终价格与部门内各自耕农的产品定价相同（$P_k = P_{ki}$）。结合定价公式（4.6）可得

$$P_k^{1-\gamma} = \lambda_k \cdot (P_k^*)^{1-\gamma} + (1 - \lambda_k) \cdot \left[E(P_k^*) \right]^{1-\gamma} \quad (4.7)$$

结合价格公式（4.5）和公式（4.6）求解自耕农在预算约束下消费的最优化选择问题，将需求加总后得到不同产品对应的需求公式（4.8）和公式（4.9）：

---

① 为便于运算，本书假设在各经济部门之间与经济部门内部各自耕农生产者之间的产品替代弹性相同。

$$C_k = \left(\frac{P_k}{P}\right)^{-\gamma} \theta_k C \tag{4.8}$$

$$C_{ki} = \left(\frac{P_{ki}}{P_k}\right)^{-\gamma} C_k = \left(\frac{P_{ki}}{P}\right)^{-\gamma} \theta_k C \tag{4.9}$$

显然，经济部门 K 产品的需求取决于需求弹性 $-\gamma$ 以及该部门价格在整体价格水平中的权重 θ_k。随后考虑经济中的产品供给，在市场达到均衡后，自耕农进行一单位产品生产的实际边际成本应等于自耕农消费对于闲暇的边际替代率与其劳动边际产出之比，求解得到

$$MC(Y_{ki}) = C^\sigma e^{a_k} Y_{ki}^\psi \tag{4.10}$$

假设自耕农居民的定价行为在受整体经济的影响外具有一定随机特性，即 $m_k = Y^{\phi_k} e^{\mu_k}$，其中 μ_k 表示涨价过程中的随机因素，而 ϕ_k 衡量了经济部门 K 中自耕农定价行为的周期性波动，当 $\phi_k > 0$ 时表示涨价顺周期行为，$\phi_k < 0$ 时则相反。假设自耕农居民的期望相对价格为实际边际成本的一定倍数，m_k 表示提价幅度的乘数，其不同取值对应于标准垄断市场 $[m_k = \gamma/(\gamma - 1)]$ 与完全竞争市场（$m_k = 1$）之间的各类市场组织形式。故经济部门 K 中自耕农居民基于当期信息确定的期望相对价格可表示为

$$\frac{P_k^*}{P} = m_k \cdot MC(Y_{ki}) = Y^{\phi_k} e^{\mu_k} \cdot MC(Y_{ki}) \tag{4.11}$$

基于 Mankiw 和 Reis（2003）所构建的一般均衡模型，我们进一步求解模型的均衡状态。考虑到前述公式较为烦琐，此处将经济模型的各个核心公式转换成对数形式，以便于经济模型的求解与变量关系的剖析。根据产品的需求公式（4.9）与定价公式（4.11），以及市场出清条件 $C_{ki} = Y_{ki}$ 与 $C = Y$，可以得到对数形式的期望价格公式：

$$p_k^* = p + \frac{\sigma + \phi_k + \psi}{1 + \gamma\psi} \cdot y + \frac{\mu_k + a_k + \psi\log(\theta_k)}{1 + \gamma\psi} \tag{4.12}$$

其中，p_k^*、p、y 分别为 $\log(P_k^*)$、$\log(P)$、$\log(Y)$。在设定的一般均衡模型中，产出波动通过边际成本 $MC(Y_{ki})$ 与涨价因子 m_k 两种渠道影响各经济部门期望相对价格，即边际成本上升与涨价因子增大均会带动经济部门的期望价格上涨。令 $\alpha_k = (\sigma + \phi_k + \psi)/(1 + \gamma\psi)$，$\varepsilon_k = (\sigma + \phi_k + \psi)/(1 + \gamma\psi) \cdot y^N + [\mu_k + a_k +$

$\psi\log(\theta_k)\,]/(1 + \gamma\psi)$，式（4.12）变形为

$$p_k^* = p + \alpha_k x + \varepsilon_k \qquad (4.13)$$

其中，x 表示产出缺口[①]，而随机变量 ε_k 是具有经济部门特征的特有冲击，反映了潜在产出水平波动与部门垄断程度变化对经济部门 K 更新定价的影响。进一步地，对式（4.5）和式（4.7）进行一阶泰勒近似，分别得到对数形式的式（4.14）和式（4.15）：

$$p = \sum_{k=1}^{K} \theta_k p_k \qquad (4.14)$$

$$p_k = \lambda_k p_k^* + (1 - \lambda_k) E(p_k^*) \qquad (4.15)$$

考虑到居民消费价格指数（CPI）对通货膨胀测度可能存在的偏差，需重新制定宏观政策所关注的通货膨胀指标，Mankiw 和 Reis（2003）提出以中央银行效用最大化为目标确定各经济部门价格水平在锚目标价格指数中的权重。假设经济部门 K 在锚目标价格指数中的权重为 ω_k，以锚目标价格指数为参考指标的名义锚规则设定为

$$\sum_{k=1}^{K} \omega_k p_k = 0 \qquad (4.16)$$

在这一目标下，我们以货币当局采用上述规则进行宏观调控时的效用水平作为对锚目标价格指数的直观评价。假定中央银行以提高社会整体福利水平为目标，则将所有自耕农福利加总，可以得到中央银行效用函数（即社会整体福利）：

$$U = \frac{Y^{1-\sigma}}{1 - \sigma} - \sum_{k=1}^{K} \int L_{ki} \mathrm{d}i \qquad (4.17)$$

参考 Woodford（2001）与 Mankiw 和 Reis（2003），将式（4.17）在 $\bar{y}$ 周围进行泰勒二阶近似，经过一系列复杂推导与替换，得到社会整体福利的期望值为

$$E(U) \approx - e^{(1-\sigma)\bar{y}} \frac{(\sigma + \psi)}{2} \left\{ Var(x) + \frac{(\gamma^{-1} + \psi)}{(\sigma + \psi)} E[\, Var_k(x_k) + E_k(Var_i(x_{ki})) \,] \right\}$$

$$(4.18)$$

[①] 产出缺口是实际经济产出 y 与潜在产出水平 y^N 之间的差值。

其中，$Var_k(x_k)$ 与 $Var_i(x_{ki})$ 分别表示各经济部门 K、经济部门内部各自耕农 i 的产出偏离稳态的方差，而 $E_k(Var_i(x_{ki}))$ 则为经济部门 K 中所有自耕农产出缺口方差的期望值。不难看出，社会整体福利的均衡值取决于整体经济产出缺口的方差以及各经济部门、各自耕农的产出偏离程度。进一步地，Mankiw 和 Reis（2003）提出基于以下考量对中央银行效用函数进行简化：其一，中央银行对宏观经济整体状况的关注甚于对各经济部门产出的关注；其二，加入过多变量会使估计结果过于偏重计量分析而丧失了模型的经济含义；其三，将中央银行效用函数乘以某一正值，不会影响其最优化的求解结果。因此，将中央银行效用函数最大化问题简化为

$$\min_{\{\omega_k\}} Var(x) \tag{4.19}$$

假设模型中仅进行一期决策，模型内的中央银行将在经济冲击前选定最优的通货膨胀指标并致力于将其维持在目标水平。综合式（4.13）、式（4.14）、式（4.15）与式（4.16），中央银行的效用最大化受约束于下列条件：

$$\left\{ \begin{array}{c} 0 = \sum_{k=1}^{K} \omega_k p_k , \ (\sum_{k=1}^{K} \omega_k = 1) \\ p_k = \lambda_k p_k^* + (1 - \lambda_k) E(p_k^*) \\ p_k^* = p + \alpha_k x + \varepsilon_k \\ p = \sum_{k=1}^{K} \theta_k p_k , \ (\sum_{k=1}^{K} \theta_k = 1) \end{array} \right\} \tag{4.20}$$

至此，我们完整分析了 Mankiw 和 Reis（2003）所构建的多部门新凯恩斯一般均衡模型，并基于基准模型的推导得到完整的价格指数构建系统。Mankiw 和 Reis（2003）模型中的经济体系是由若干存在差异的经济部门组成[①]，其中各经济部门内有大量具有事前相同特性的自耕农居民。在经济系统内的诸多约束条件下，中央银行通过选定各经济部门价格水平的权重得出其最终确定的目标价格指数，并通过维持这一价格指数稳定实现产出缺口的最小化，进而保证经济平稳增长。总体而言，Mankiw 和 Reis（2003）模型综合考虑了通胀目标制下中

---

① 由参数 θ_k、α_k、λ_k 与 σ_k^2 刻画不同经济部门的差异特征。

央银行的宏观调控问题与市场中可能存在的垄断组织形式，对于研究我国的价格指数构建问题具有较强适用性。

（二）价格指数权重确定的机理

为进一步剖析一般均衡模型中新设价格指数的求解过程，阐述模型中通货膨胀政策指标最优权重确定的内在机理，我们引用 Mankiw 和 Reis（2003）的分析过程，在只包含 A、B 两大经济部门的简化模型下继续展开分析。在这一简化模型中，中央银行的效用最大化问题与约束条件分别为式（4.21）和式（4.22）：

$$\min_{\{\omega_A,\omega_B\}} Var(x) \tag{4.21}$$

$$\left\{ \begin{array}{c} \omega_A p_A + \omega_B p_B = 0, \ (\omega_A + \omega_B = 1) \\ p_k = \lambda_k p_k^* + (1 - \lambda_k)E(p_k^*), \ k = A,B \\ p_k^* = p + \alpha_k x + \varepsilon_k, \ k = A,B \\ p = \theta_A p_A + \theta_B p_B, \ (\theta_A + \theta_B = 1) \end{array} \right\} \tag{4.22}$$

令带有上标 N 为表示稳态的符号，则一般均衡模型达到稳态时有

$$\left\{ \begin{array}{c} \omega_A p_A^N + \omega_B p_B^N = 0, \ (\omega_A + \omega_B = 1) \\ p_k^N = \lambda_k p_k^{*N} + (1 - \lambda_k)E(p_k^{*N}), \ k = A,B \\ p_k^{*N} = p^N + \alpha_k x^N + \varepsilon_k, \ k = A,B \\ p^N = \theta_A p_A^N + \theta_B p_B^N, \ (\theta_A + \theta_B = 1) \end{array} \right\} \tag{4.23}$$

首先将式（4.22）中各含有金融变量的等式减去式（4.23）中的对应等式，将各金融变量转换成对自身均衡值的偏离，同时考虑到变量偏差的期望值与均衡产出缺口均为 0，令波浪线上标作为偏离符号，整理后的模型表示为式（4.24）：

$$\left\{ \begin{array}{c} \tilde{p}_A = \lambda_A(\tilde{p} + \alpha_A \tilde{x} + \tilde{\varepsilon}_A) \\ \tilde{p}_B = \lambda_B(\tilde{p} + \alpha_B \tilde{x} + \tilde{\varepsilon}_B) \\ \tilde{p} = \theta_A \tilde{p}_A + (1 - \theta_A)\tilde{p}_B \\ 0 = \omega_A \tilde{p}_A + (1 - \omega_A)\tilde{p}_B \end{array} \right. \tag{4.24}$$

这一系统中含有四个方程与四个未知变量（$\tilde{p}_A$，$\tilde{p}_B$，$\tilde{p}$，$\tilde{x}$），方程组有解。求解产出缺口 $\tilde{x}$（其中 $\sigma_k^2 = E[(\tilde{\varepsilon}_k)^2]$）[①]，可以得到

$$\tilde{x} = -\frac{[\omega_A + \lambda_B(\theta_A - \omega_A)]\lambda_A\tilde{\varepsilon}_A + [(1-\omega_A) - \lambda_A(\theta_A - \omega_A)]\lambda_B\tilde{\varepsilon}_B}{\alpha_B\lambda_B + \omega_A(\alpha_A\lambda_A - \alpha_B\lambda_B) + \lambda_A\lambda_B(\omega_A - \theta_A)(\alpha_B - \alpha_A)}$$

(4.25)

$$Var(\tilde{x}) = \frac{[\lambda_A\theta_A + (1-\lambda_B)\omega_A]^2\lambda_A^2\sigma_A^2 + [(\lambda_A - 1)\omega_A + 1 - \lambda_A\theta_A]^2\lambda_B^2\sigma_B^2}{[\alpha_B\lambda_A + \omega_A(\alpha_A\lambda_A - \alpha_B\lambda_B) + \lambda_A\lambda_B(\omega_A - \theta_A)(\alpha_B - \alpha_A)]^2}$$

(4.26)

货币当局通过确定锚目标价格指数的权重构成，使得产出缺口的波动方差 $Var(\tilde{x})$ 最小化，进而实现中央银行效用最大化。将式（4.26）对 ω_A 求一阶条件，整理后可以得出最优权重 ω_A^*：

$$\omega_A^* = \lambda_B\frac{\alpha_A\sigma_B^2 - \theta_A\lambda_A(\alpha_A\sigma_B^2 + \alpha_B\sigma_A^2)}{\alpha_B\lambda_A(1-\lambda_B)\sigma_A^2 + \alpha_A\lambda_B(1-\lambda_A)\sigma_B^2}$$

(4.27)

显然，两经济部门模型中 A 经济部门价格的最优权重并不局限于 0 到 1 之间，其取值取决于 A、B 两大经济部门的各特征参数。为进一步解析锚目标价格指数权重确定的内在机理，将 ω_A^* 分别对各特征参数求偏导，Mankiw 和 Reis（2003）得出以下四个推论：

1. 将 ω_A^* 对 α_A 求偏导，得到的结果显然大于等于 0：

$$\frac{\partial\omega_A^*}{\partial\alpha_A} = \frac{\alpha_B\lambda_A\lambda_B\sigma_A^2\sigma_B^2[1 - \theta_A\lambda_A - (1-\theta_A)\lambda_B]}{[\alpha_B\lambda_A(1-\lambda_B)\sigma_A^2 + \alpha_A(1-\lambda_A)\lambda_B\sigma_B^2]^2}$$

(4.28)

推论 1：其他条件不变，当 α_k 增大时，最优权重 ω_k^* 增大，即当 K 经济部门的价格能够更有效地反映经济周期的变动时，其在锚目标价格指数中的最优权重将保持不变或者上升。

2. 将 ω_A^* 对 σ_A^2 求偏导，得到的结果显然小于等于 0：

$$\frac{\partial\omega_A^*}{\partial\sigma_A^2} = -\frac{\alpha_A\alpha_B\lambda_A\lambda_B\sigma_B^2[1 - \theta_A\lambda_A - (1-\theta_A)\lambda_B]}{[\alpha_B\lambda_A(1-\lambda_B)\sigma_A^2 + \alpha_A(1-\lambda_A)\lambda_B\sigma_B^2]^2}$$

(4.29)

---

① 假设不同部门的特有冲击不相关，即 $m \neq j$ 时 $\sigma_{mj} = 0$。

推论 2：其他条件不变，当 σ_k^2 增大时，最优权重 ω_k^* 下降，表示当 K 经济部门的价格波动性增大时，其在锚目标价格指数中的最优权重保持不变或随之下降。

推论 1 与推论 2 可以基于信息提取的视角进行理解：当某一经济部门的价格满足其构成中产出缺口的成分（α_k）较高或其噪声项成分（σ_k^2）较低，其价格才具有较高的参考价值。此前 Bryan 和 Cecchetti（1993）、Cristadoro 等（2005）等学者通过提取各类价格中隐含的共同趋势，并剥离其中的无序波动成分进行价格指数修正，而通过数理推导得出的推论 1 与推论 2 无疑印证了这一思想。

3. 将 ω_A^* 对 λ_A 求偏导，在 $\omega_A^* < 1 \Leftrightarrow \alpha_B \sigma_A^2 > (1 - \theta_A) \lambda_B (\alpha_B \sigma_A^2 + \alpha_A \sigma_B^2)$ 的限制条件下，得到的结果显然小于 0：

$$\frac{\partial \omega_A^*}{\partial \lambda_A} = - \frac{\alpha_A \lambda_B \sigma_B^2 [\alpha_B \sigma_A^2 - (1 - \theta_A) \lambda_B (\alpha_B \sigma_A^2 + \alpha_A \sigma_B^2)]}{[\alpha_B \lambda_A (1 - \lambda_B) \sigma_A^2 + \alpha_A (1 - \lambda_A) \lambda_B \sigma_B^2]^2} \tag{4.30}$$

推论 3：在 $\omega_A^* < 1$ 的约束条件下，其他条件不变，当 λ_k 增大时，最优权重 ω_k^* 下降，亦即当 K 经济部门的价格黏性程度更高时，其在目标价格指数中的最优权重随之上升。由于模型中价格黏性的引入，经济周期对于经济部门价格的影响在一定程度上被削弱，依据最新经济信息更新得到的期望价格只占最终部门价格的（$1 - \lambda_k$）比重，因而当某一经济部门的价格黏性程度很高时，其价格的微小变动意味着该部门期望价格发生显著变化。故在确定目标价格指数的最优权重时，通过提高价格黏性程度较高的经济部门的价格权重以抵消价格黏性的影响，可以更为有效地提取部门价格中隐含的经济信息。

4. 将 ω_A^* 对 θ_A 求偏导，得到的结果显然小于等于 0：

$$\frac{\partial \omega_A^*}{\partial \theta_A} = - \frac{\lambda_A \lambda_B (\alpha_B \sigma_A^2 + \alpha_A \sigma_B^2)}{\alpha_B \lambda_A (1 - \lambda_B) \sigma_A^2 + \alpha_A \lambda_B (1 - \lambda_A) \sigma_B^2} \tag{4.31}$$

推论 4：其他条件不变，当 θ_k 增大时，最优权重 ω_k^* 下降。也即当 K 经济部门在 CPI 中的权重上升时，其在目标价格指数中的最优权重保持不变或随之下降。在通货膨胀目标制下，对均衡价格的冲击将会引致意料之外的产出波动，进而需要中央银行调整货币政策进行平抑。经济部门 K 价格对经济系统价格水平冲击的影响程度取决于其在 CPI 中的权重 θ_k，经济部门 K 在 CPI 中的权重 θ_k 越高，其部门内部冲击对于 CPI 的影响越大，进而对宏观经济的扰动也越大。

因此对于在 CPI 中权重较大的经济部门，在锚目标价格指数中赋予该部门价格较低的权重以削弱部门内部冲击的影响，降低以锚目标规则进行宏观调控的调整成本。

三、本节小结

本节比较系统地阐述了广义价格指数构建的理论基础。首先，对资产价格影响通货膨胀的机理加以分析，说明资产价格与通货膨胀间的紧密联系；随后，结合我国现实国情与相关经济理论，论证将资产价格纳入通胀测度的内在机理；最后，基于 Mankiw 和 Reis（2003）提出的模型进行多部门新凯恩斯一般均衡分析，深入阐述编制价格指数的微观基础。总体而言，本节从多个维度诠释了广义价格指数构建的理论，建立了实证研究与经济理论的内在联系，为后文的实证研究奠定了比较坚实的理论基础。

第四节　广义价格指数资产价格成分指标甄选

构建广义价格指数过程中有两大环节最为关键，其一是资产价格成分指标的选取，其二是各成分指标权重的确定，而前者更是后者的必要前提。基于这一考虑，在基于一般均衡模型实证构建广义价格指数之前，本书首先依据比较客观的标准，基于实证分析结果对纳入广义价格指数的成分指标进行严格筛选。

一、资产价格成分指标的甄选标准

我们之所以提出要修正现行通胀测度指标，原因在于现有通胀指标存在一定缺陷：其一，在结构性通胀的大背景下，传统 CPI 仅能反映实体经济部门的价格，而难以准确刻画虚拟经济部门的价格变化，若仍以传统 CPI 作为关注指标进行宏观调控，可能导致中央银行误判经济形势，影响经济金融体系稳定；其二，黏性信息条件下传统 CPI 指标对于货币政策与产出波动的反映存在一定滞后，依据滞后的通胀指标设计宏观调控政策可能加剧经济波动（崔百胜，2015）。

针对现有通胀指标所存在的问题，出于修正通货膨胀指标的目的，我们提出构建纳入资产价格成分的广义价格指数。一方面来看，所谓广义价格指数，顾名思义即"更广泛意义上的物价水平"，故广义价格指数应当在内含原有消费者价格指数成分的同时，纳入能够从不同角度反映整体价格水平的其他价格指标，因此纳入广义价格指数的资产价格指标应能够有效反映虚拟经济部门价格水平。另一方面来看，尽管目前关于是否应该将资产价格指标纳入通货膨胀测度的争论尚未得出一致结论，但 Bernanke 和 Gertler（1999）与 Mishkin（2007）所提出的观点，即仅在资产价格波动严重影响产出缺口稳定或者通货膨胀预期的情况下货币政策当局才应关注资产价格波动，以其比较坚实的理论支撑与较强的实用性赢得了不少学者的认同，因此本节将其作为确定广义价格指数资产价格成分指标的参考标准之一。

综上所述，我们认为要通过广义价格指数构建实现对现行通胀测度指标的修正，则所纳入资产价格指标必须具有以下特征：其一，能够有效反映虚拟经济部门的价格水平，即该资产价格指标必须具有代表性；其二，能够引起通货膨胀同向波动，即该资产价格指标必须具有先导性。[1]

二、资产价格成分指标的初步甄选

本部分主要基于对资产价格指标能否有效反映虚拟经济部门价格水平进行指标初步甄选。考虑到某一资产价格能否有效反映虚拟经济部门价格水平难以直接确认，因此本部分以比较权威的相关国内文献中学者对于资产价格指标的选取作为主要参考标准。事实上，由于广义价格指数构建的国内文献尚比较匮乏，而考虑到同样需要选取代表性资产价格指标的金融状况指数（FCI）的研究已经比较成熟，故本节将综合已有关于广义价格指数与金融状况指数构建的国内研究，基于 5 篇广义价格指数的代表性文献与 10 篇金融状况指数的代表性文

---

[1]　我们之所以认为广义价格指数资产价格成分指标应该"能够引起通货膨胀同向波动"，有以下几方面考虑：第一，Bernanke 和 Gertler（1999）与 Mishkin（2007）认为货币政策关注的资产价格波动应当能够影响通货膨胀预期，但我们考虑到我国官方并不公布通货膨胀预期数据，且自行估算通货膨胀预期的准确性难以得到有效保障，通货膨胀预期主要由实际通货膨胀水平，故此处以通货膨胀预期的主要决定因素"通货膨胀"代替"通货膨胀预期"；第二，已有研究大多数表明资产价格与通货膨胀间存在较稳定的正向关系，而对于负向影响未来通货膨胀的部分资产价格，目前尚难以确定将其换算为可纳入指数编制的方法，故本部分暂不将其纳入成分指标，未来我们将继续开展这一方向的研究。

献，初步甄选具有代表性的资产价格指标①。

表 4.1　　　　　　　　**相关文献中选取的代表性资产价格指标**

广义价格指数相关文献	所选取资产价格指标
汪恒（2007）	房地产价格
罗忠洲和屈小粲（2012）	房地产价格、股票价格
罗忠洲和屈小粲（2013）	房地产价格
丁慧等（2014）	房地产价格、股票价格
丁慧和范从来（2015）	房地产价格、股票价格
金融状况指数相关文献	所选取资产价格指标
封北麟和王贵民（2006）	房地产价格、股票价格与汇率
陆军和梁静瑜（2007）	房地产价格、股票价格与汇率
李强（2009）	房地产价格、股票价格与汇率
卞志村等（2012）	房地产价格、股票价格与汇率
郭晔和杨娇（2012）	房地产价格、股票价格与汇率
余辉和余剑（2013）	房地产价格、股票价格与汇率
栾惠德和侯晓霞（2015）	房地产价格、股票价格与汇率
周德才等（2015）	房地产价格、股票价格与汇率
邓创等（2016）	房地产价格、股票价格与汇率
金春雨和吴安兵（2017）	房地产价格、股票价格与汇率

　　由表 4.1 不难看出，本书参考的 5 篇关于广义价格指数编制的代表性文献中，汪恒（2007）、罗忠洲和屈小粲（2013）只选取了房地产价格，而罗忠洲和屈小粲（2012）、丁慧等（2014）、丁慧和范从来（2015）选取了房地产价格与股票价格，此外关于金融状况指数编制的 10 篇文献均将房地产价格、股票价格与汇率共同作为资产价格水平的衡量指标。鉴于此，本部分初步确定房地产价格、股票价格与汇率是我国具有代表性的资产价格指标。

三、资产价格成分指标的二次甄选

　　然而正如本节第一部分所指出的，加入广义价格指数的资产价格指标不仅

---

①　金融状况指数通常会纳入利率、货币量、信贷规模等非资产价格指标，此处不列入表中。

要能有效反映虚拟经济部门的价格水平，还应能够在一定程度上领先于 CPI 指标。尽管房地产价格、股票价格与汇率在广义价格指数、金融状况指数构建过程中通常被作为代表性资产价格指标，但是这三类资产价格是否先导于通货膨胀尚存在一定争论。汪恒（2007）的研究发现，股票价格对于 CPI 的影响不显著。戴国强和张建华（2009）运用 ARDL 模型对我国资产价格与通货膨胀的关系进行经验分析，发现资产价格波动确实对 CPI 造成影响，但其中房地产与汇率指标具有显著的正向影响，而股票影响相对较弱。纪敏等（2012）运用状态空间模型实证分析资产价格对 CPI 的影响，发现房价对 CPI 造成了显著影响，而没有证据表明股价影响到物价水平。考虑到对于这三类资产价格是否领先于 CPI 通胀指标的问题，国内学术界尚未形成一致观点，本部分将运用格兰杰因果检验、TVP – VAR – SV 模型等计量手段，进一步检验本书所选取的房地产价格、股票价格与汇率指标是否具有对于未来通货膨胀的先导性，以保证最终所确定资产价格成分指标的有效性，为后文中国广义价格指数的构建提供实证依据。

（一）数据选取及处理

本部分选取居民消费价格指数当月同比、70 个大中城市新建住宅价格指数当月同比、上证综合指数收盘价月度均值与人民币实际有效汇率作为原始数据序列。其中 70 个大中城市新建住宅价格指数当月同比数据自 2005 年 7 月起才开始公布，样本区间定为 2006 年 1 月到 2016 年 12 月共 11 个完整年度，数据均来源于 Wind 数据库①。数据处理过程如下：首先，将居民消费价格指数当月同比原值减去 100，换算为通货膨胀率；随后，为消除 70 个大中城市新建住宅价格指数当月同比与上证综合指数收盘价月度均值中的通货膨胀成分，将 70 个大中城市新建住宅价格指数当月同比序列减去当期居民消费价格指数当月同比，而将上证综合指数收盘价月度均值除以定基 CPI，以得到的新序列替代原序列；其后，将所有资产价格指标统一为同比数据，按照计算公式 $x_t = (X_t - X_{t-12}) / X_{t-12} \times 100$ 对股票价格与实际有效汇率加以处理，得到上证综合指数月度实际值

---

① 选取完整年度的原因在于，此处对资产价格指标进行检验以用于后文中广义价格指数构建，而构建广义价格指数需用到产出缺口序列。考虑到非完整年度的产出缺口序列进行季节调整后存在偏差，故均选用 2006 年 1 月至 2016 年 12 月作为样本期。

同比序列与实际有效汇率同比序列；最后，考虑到包括 CPI 在内的各时间序列中可能存在的季节因素（吴岚，2012），将所有时间序列进行 X12 季节处理，分离其中的季节成分，并将处理后的居民消费价格指数当月同比、70 个大中城市新建住宅价格指数当月同比、上证综合指数收盘价月度实际值同比与人民币实际有效汇率同比分别记作通货膨胀（INR）、房地产价格（HP）、股票价格（SP）与汇率（REER）。

（二）资产价格与 INR 指标的因果关系检验

在构建实证模型探究房地产价格、股票价格与汇率如何影响通货膨胀之前，我们首先从统计角度出发，基于 Granger 因果检验方法探究这三类资产价格指标与通货膨胀之间是否存在因果关系。Granger 因果检验方法是经济学领域探究变量间因果关系的主要方法之一，最早由 Granger（1969）提出。这一检验方法的基本原理即"首先考察 Y 当前值能够在多大程度上由 Y 的过去值解释，然后依据加入 X 的滞后值是否能改善解释程度，来判断 X 是否是 Y 的格兰杰原因"。基于这一检验方法，我们依次考察 INR 与 HP、SP、REER 之间是否存在因果关系[①]，并将结果列入表 4.2。

表 4.2　　　　　　　INR 与 HP、SP、REER 间的因果关系检验结果

原假设　　　　　T 统计量	滞后 1 阶	滞后 2 阶	滞后 3 阶
HP 不是 INR 的格兰杰原因	9. 71750 ***	8. 64657 ***	3. 28112 **
INR 不是 HP 的格兰杰原因	9. 91780 ***	25. 4663 ***	9. 44592 ***
SP 不是 INR 的格兰杰原因	25. 1627 ***	11. 9498 ***	5. 04374 ***
INR 不是 SP 的格兰杰原因	17. 3368 ***	7. 21224 ***	3. 92930 **
REER 不是 INR 的格兰杰原因	17. 6830 ***	10. 3627 ***	5. 83002 ***
INR 不是 REER 的格兰杰原因	8. 46579 ***	6. 15915 ***	4. 56949 ***

注：＊＊＊、＊＊与＊分别表示 1%、5% 与 10% 的显著性水平。

由表 4.2 可知，房地产价格、股票价格、汇率与通货膨胀之间均存在双向因果关系，说明在预测通货膨胀时加入资产价格指标的滞后值可能有效提高精准度，所选取的三个资产价格指标与通货膨胀之间存在很强的联动关系。为准

---

① 此处用于 Granger 因果检验的数据序列均已通过平稳性检验，具体结果此处省略。

确甄别这三个资产价格指标是否先导于通货膨胀，本书随后构建包含房地产价格、股票价格、汇率与通货膨胀的 TVP – VAR – SV 模型进行进一步探究。

（三）资产价格能否正向影响通货膨胀的实证检验

前一部分 Granger 因果检验的结果表明，房地产价格、股票价格、汇率与通货膨胀间均存在因果关系，然而因果关系基于这一结论，构建包含房地产价格、股票价格、汇率等代表性资产价格指标与 CPI 指标的 TVP – VAR – SV 模型，进一步检验各资产价格指标是否先导于通货膨胀。本节首先对 TVP – VAR – SV 模型作简要分析，随后基于脉冲响应分析与预测误差方差分解甄别各资产价格指标是否先导于通货膨胀，最后检验实证模型的稳健性。

1. TVP – VAR – SV 模型简介。带随机波动的时变参数向量自回归模型（TVP – VAR – SV）的关键特征在于其回归系数与残差方差均可以实现跨期变动，本研究将其表示为式（4.32）：

$$y_t = A_{1t}y_{t-1} + \cdots + A_{st}y_{t-s} + e_t, e_t \sim N(0, \Omega_t) \qquad (4.32)$$

式（4.32）中，y_t 为 $(k \times 1)$ 维观测值的列向量，$A_{1t}, \cdots, A_{st}$ 是 $(k \times k)$ 的时变参数矩阵，而 Ω_t 则是 $(k \times k)$ 的时变误差协方差矩阵，具有时变特性的 A_{it} 与 Ω_t 是模型的核心特点。模型的递推识别过程是通过对 Ω_t 的分解 $\Omega_t = B_t^{-1} \sum_t \sum_t B_t'^{-1}$ 实现的，其中 B_t 是一个对角线元素为 1 的下三角矩阵，而 $\sum_t = diag(\sigma_{1t}, \cdots, \sigma_{kt})$。令 α_t 表示 $A_{1t}, \cdots, A_{st}$ 堆叠成的列向量；$\beta_t = (\beta_{1t}, \cdots, \beta_{qt})'$ 表示 B_t 中下三角元素堆叠成的列向量；而 $h_t = (h_{1t}, \cdots, h_{kt})'$，其中 $h_{it} = \log\sigma_{it}^2$，则以上时变参数服从式（4.33）所示的随机游走过程：

$$\begin{aligned}\alpha_{t+1} &= \alpha_t + \mu_{\alpha t} \\ \beta_{t+1} &= \beta_t + \mu_{\beta t} ,\text{其中} \\ h_{t+1} &= h_t + \mu_{ht}\end{aligned} \begin{pmatrix}\varepsilon_t \\ \mu_{\alpha t} \\ \mu_{\beta t} \\ \mu_{ht}\end{pmatrix} \sim N\left(0, \begin{pmatrix} I & 0 & 0 & 0 \\ 0 & \sum_\alpha & 0 & 0 \\ 0 & 0 & \sum_\beta & 0 \\ 0 & 0 & 0 & \sum_h \end{pmatrix}\right) \qquad (4.33)$$

式（4.33）中 $t = s+1, \cdots, n$，$\sum_\alpha$、$\sum_\beta$ 和 $\sum_h$ 为对角矩阵，且模型初始值设置为：$\alpha_{s+1} \sim N(\mu_{\alpha 0}, \sum_{\alpha 0})$，$\beta_{s+1} \sim N(\mu_{\beta 0}, \sum_{\beta 0})$，而 $\varphi_{s+1} \sim N(\mu_{h0}, \sum_{h0})$。

在加入回归系数与残差方差"双时变"特性后模型极为复杂，因而本书运用基于贝叶斯方法的马尔科夫链蒙特卡洛法（MCMC）进行迭代计算实现模型求解，以提高估计的精确度。

2. 基于 TVP – VAR – SV 模型的实证分析。本节构建包含通货膨胀（INR）、房地产价格（HP）、股票价格（SP）与汇率（REER）的 TVP – VAR – SV 模型进行研究。借鉴 Nakajima（2011），本书将模型中参数初始值设为 $\mu_{\beta_0} = \mu_{\alpha_0} = \mu_{h_0} = 0$，$(\Omega_{\beta_0}) = (\Omega_{\alpha_0}) = (\Omega_{h_0}) = 10 \times I$，并将与之相对应的检验分布确定为 $(\Omega_\beta)_i^{-2} \sim \text{Gamma}(20,10^{-4})$，$(\Omega_\alpha)_i^{-2} \sim \text{Gamma}(4,10^{-4})$，$(\Omega_h)_i^{-2} \sim \text{Gamma}(4,10^{-4})$，其中 $(\Omega_\beta)_i$、$(\Omega_\alpha)_i$ 和 $(\Omega_h)_i$ 分别为方差对角矩阵中第 i 个元素。基于 Nakajima（2011）给出的标准，将模型设定为滞后 1 阶。在 Matlab 2013a 软件环境下，运用马尔科夫链蒙特卡洛方法进行 55000 次模拟，其中前 5000 次作为预烧（Burn – In）。

（1）有效性检验。图 4.3 给出了最终得到的自相关系数（上）、变动路径（中）和后验分布信息（下）。如图 4.3 显示，在完成预烧后，抽样样本的自相关系数均较迅速地收敛至 0，且变动路径基本平稳，说明马尔科夫链蒙特卡洛模拟抽样结果有效。模型同时给出定量检验结果，将其列为表 4.3。表 4.3 中，各待估参数方差的 Geweke 收敛值均低于 1.96（对应于 1% 显著度）的临界值，故

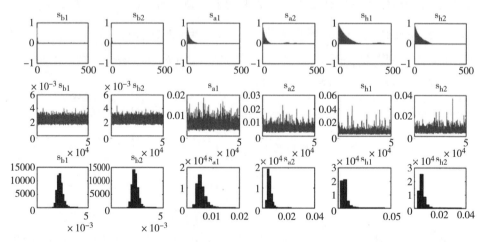

图 4.3　MCMC 模拟抽样检验

模型收敛于后验分布的假设不能被拒绝。而无效因子中最大值为 122.83，表示 50000 次有效模拟相当于至少 50000/122.83≈407 个不相关样本，说明后验分布估计结果可信。综上所述，所选取 TVP – VAR – SV 模型的估计结果有效，可以基于这一模型实证分析各资产价格指标与通货膨胀的相关关系。

表 4.3 样本参数方差估计结果

参数	均值	标准差	5% 分位数	95% 分位数	Geweke 收敛判断值	无效因子
$(\Omega_\beta)_1$	0.0023	0.0003	0.0018	0.0029	0.978	8.62
$(\Omega_\beta)_2$	0.0023	0.0003	0.0019	0.0029	0.735	8.18
$(\Omega_\alpha)_1$	0.0055	0.0016	0.0033	0.0096	0.461	45.93
$(\Omega_\alpha)_2$	0.0055	0.0016	0.0034	0.0096	0.883	44.84
$(\Omega_h)_1$	0.0065	0.0033	0.0035	0.0155	0.662	122.83
$(\Omega_h)_2$	0.0062	0.0024	0.0035	0.0122	0.758	92.65

（2）脉冲响应分析。基于所设定的 TVP – VAR – SV 模型，随后本书分别考察了通货膨胀对各类资产价格指标冲击的响应。TVP – VAR – SV 模型将回归系数与误差方差均设置为可时变形式，因此模型回归可以在每个时点得到相应的 12 期脉冲响应[①]。由于模型滞后阶数设置为 1，因此总共有 131 个可实现脉冲响应的时点，将各时点通货膨胀对房地产价格冲击、股票价格冲击与汇率冲击的时变脉冲响应分别作图，得到图 4.4、图 4.5 与图 4.6。

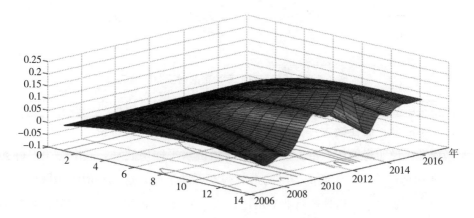

图 4.4 通货膨胀对房地产价格冲击的时变脉冲响应

---

① 在冲击当期（即 0 期），变量亦会作出响应，因此每个时点对应于 0 到 12 期共 13 个脉冲响应值。

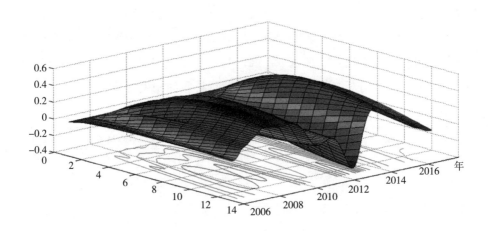

图 4.5 通货膨胀对股票价格冲击的时变脉冲响应

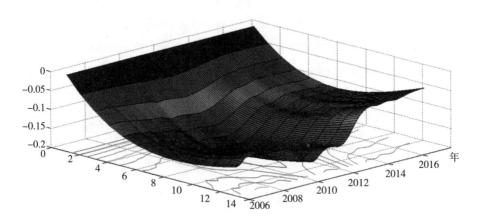

图 4.6 通货膨胀对汇率冲击的时变脉冲响应

观察图 4.4 可以发现，尽管通货膨胀对于房地产价格冲击的时变脉冲响应呈现动态波动，但在绝大部分时期均为正值，亦即房地产价格上涨会带动物价水平攀升，说明房地产价格上涨能够引起物价水平同向波动。其中，2009 年至 2012 年房地产价格对于通货膨胀的影响程度逐渐上升，这正对应于国际金融危机后经济刺激政策下房地产行业的迅速膨胀；2013 年至 2016 年，房地产价格对于通货膨胀的影响略有下降，其可能的原因在于我国进入经济新常态时期，房地产价格尽管仍有周期性起伏但通货膨胀波动程度较低。

由图 4.5 可知，通货膨胀对股票价格冲击的脉冲响应基本保持正值，亦即通货膨胀在一定程度上被股票价格拉动。这说明我国股票价格先导于通货膨胀，股票价格的波动能够在一定程度上预示未来通货膨胀变动。值得注意的是，通货膨胀对股票价格波动的脉冲响应值在2011年至2012年明显偏低，甚至一度低于零。考虑到这一时段我国股票市场整体状况不佳，尤其是2011年上证综指与深证成指跌幅均超过20%，本书认为出现这一异动的原因在于这一时期我国股票市场自身缺乏稳定性，而前期货币过度投放导致的通货膨胀更加剧了股票价格与通货膨胀间的短暂背离。2009年与2015年我国股票市场亦曾出现比较严重的危机，本研究结合图4.5对这一判断加以检验发现，2009年、2015年后我国股票价格对于通货膨胀的影响亦曾呈现显著下降趋势，因此"股票市场状况不佳可能影响股票价格对通货膨胀的拉动"的解释具有一定合理性。

分析图4.6发现，通货膨胀对汇率冲击的脉冲响应为稳定负值，即我国实际有效汇率上涨并不能有效拉动通货膨胀，反而可能降低物价水平，这与李富有和罗莹（2013）、曹伟和申宇（2013）的实证结果基本一致。这一结果的理论解释在于，一国货币升值意味着进口品价格相对降低，随后本国国民会增加进口品消费，进而导致本国产品需求降低，国内整体物价水平下降。基于上述分析，本书认为，对于我国而言，实际有效汇率变化不能够引起通货膨胀同向波动。

（3）预测误差方差分解（FEVD）分析。对于时变脉冲响应的分析已经说明，我国房地产价格与股票价格具有对于通货膨胀的先导性，而汇率则对通货膨胀存在负向影响。然而时变脉冲响应分析不能直观反映各资产价格指标对于通货膨胀的影响程度高低，故本部分将借鉴 Mohanty 和 John（2015）的研究，进行预测误差方差分解。首先需要确定在冲击后第几期的累积脉冲响应进行预测误差方差分解。为避免滞后期选取造成偏差，本研究分别基于1期、3期与6期的累积脉冲响应进行预测误差方差分解，综合考察各资产价格指标对于通货膨胀的短期、中期与长期影响。

图4.7、图4.8与图4.9分别给出了滞后1期、3期与6期的预测误差方差分解结果。比较分析可知，通货膨胀水平在较大程度上取决于自身波动趋势，但房地产价格、股票价格与汇率均能在一定程度上影响通货膨胀，且影响程度存在时变性。从影响时期来看，股票价格冲击在冲击后的滞后1期、3期与6期

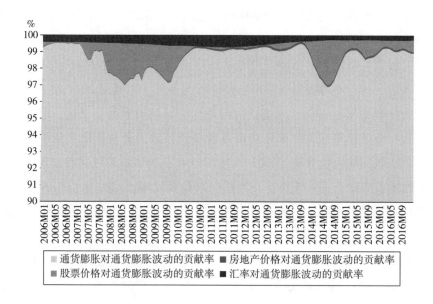

图4.7 通货膨胀的预测误差方差分解（滞后1期）

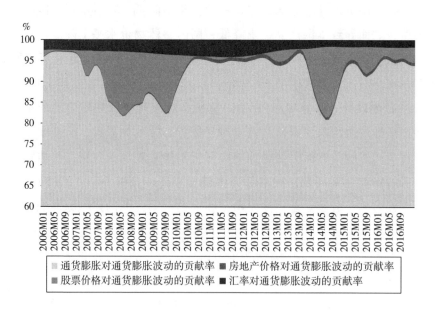

图4.8 通货膨胀的预测误差方差分解（滞后3期）

均存在对通货膨胀的显著影响，而房地产价格冲击与汇率冲击对于通货膨胀的影响主要体现滞后3期与6期。从影响程度来看，资产价格指标中股票价格对于

图 4.9 通货膨胀的预测误差方差分解（滞后 6 期）

通货膨胀的影响最为显著，说明股票价格是影响物价水平的重要因素。而近年来，由房地产价格所引起通货膨胀波动的比重整体呈上升趋势，结合前文中的时变脉冲响应分析，可见之所以房地产价格拉动通货膨胀波动的幅度降低，是因为经济新常态时期我国通货膨胀基本保持稳定，而实际上房地产价格对通货膨胀的影响程度有所上升；由汇率引起的通货膨胀波动比重亦比较高，这是因为我国仍然是出口导向型经济，汇率对于我国物价水平具有一定影响，但是应当注意的是，我国汇率不能正向影响通货膨胀，因而在前文确定的标准下汇率并不适于纳入广义价格指数。

3. 稳健性检验。为保证 TVP - VAR - SV 模型结果准确无误，我们随后构建包含房地产价格、股票价格、汇率与通货膨胀的四变量 VAR 模型进行稳健性检验。在进行脉冲响应分析与预测误差方差分解之前，首先要检验 VAR 系统稳定性。如图 4.10 所示，所有特征根均在单位圆以内，因此所设定 VAR 模型稳定，可以基于这一模型进一步验证 TVP - VAR - SV 模型的稳健性。

基于所设定的 VAR 模型，进行脉冲响应分析与预测误差方差分解，并将实证结果分别列为图 4.11 与图 4.12。观察图 4.11 可见，通货膨胀对房地产价格、股票价格、汇率等资产价格指标冲击的脉冲响应趋势基本与 TVP - VAR - SV 模型保持一致。其中，房地产价格与股票价格对通货膨胀具有持续期较长的正向影响，而汇率对通货膨胀具有负向影响。图 4.12 表明，通货膨胀波动的较大部分是由其自身引起的，但房地产价格、股票价格与汇率也都能在一定程度上引起通货膨胀波动。其中股票价格与汇率对于通货膨胀波动的解释力较高，而房地产价格对于通货膨胀波动的解释力相对较低。结合 VAR 模型的脉冲响应分析与预测误差方差分解，可以判断此前 TVP – VAR – SV 模型的实证结果是稳健的。

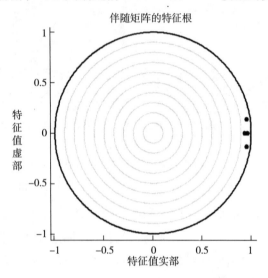

图 4.10　四变量 VAR 模型的特征根检验结果

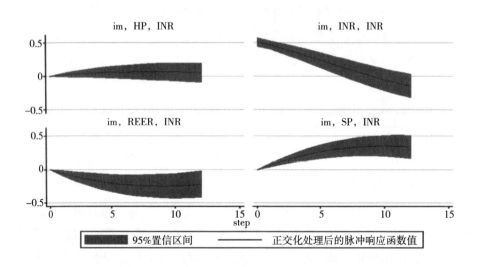

图 4.11　通货膨胀对各资产价格指标的脉冲响应（基于 VAR 模型）

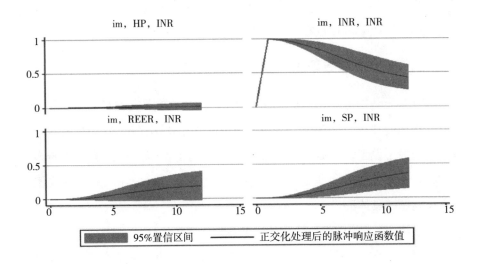

图 4.12　通货膨胀的预测误差方差分解（基于 VAR 模型）

四、本节小结

本节首先阐述了为构建广义价格指数选取资产价格成分指标的两大标准，即能够有效反映虚拟经济部门的价格水平，且具有对于通货膨胀的先导性；随后基于广义价格指数与金融状况指数的相关文献，初步甄选出三个代表性资产价格指标，即房地产价格、股票价格与汇率；最后基于 TVP – VAR – SV 模型检验各资产价格指标能否引起通货膨胀正向波动，并最终确定房地产价格与股票价格为符合标准的资产价格指标。

第五节　中国广义价格指数的构建及检验

经过前一节的一系列实证研究，我们最终甄选出房地产价格与股票价格作为中国广义价格指数的资产价格指标。本节首先基于 Mankiw 和 Reis（2003）基准模型形式，设定中国广义价格指数理论模型并进行求解，随后综合运用广义矩估计法与 Interior – Point 最优化算法，实证构建纳入房地产价格与股票价格的中国广义价格指数，最后深入分析广义价格指数的波动趋势，并对其在预测未来通货膨胀、提高中央银行效用等方面的效果加以检验。

一、中国广义价格指数理论模型的设定及求解

本部分首先基于 Mankiw 和 Reis（2003）的理论模型与对广义价格指数资产价格成分指标的甄选，通过建立与求解四部门经济模型，明确了中国广义价格指数构建的模型设定，随后经过理论模型中部门价格偏离公式的变型转换得到回归方程，最后分别在此基础上确定中国广义价格指数构建所对应中央银行效用最优化问题的具体形式。

（一）中国广义价格指数构建的模型设定

综合考虑相关价格数据的可得性较低以及经济模型较为复杂的现实情况，我们参照我国 CPI 指数的一级分类，将我国居民消费价格划分为食品价格与非食品价格，同时将作为代表性资产价格的房地产价格与股票价格纳入，形成包含食品部门、非食品部门、房地产部门以及股票市场部门共四部门的经济系统。将上述四大经济部门依次用 1、2、3 和 4 标示，则模型表示为式（4.34）：

$$\begin{cases} \tilde{p}_k = \lambda_k (\tilde{p} + \alpha_k \tilde{x}_t + \tilde{\varepsilon}_k), k = 1,2,3,4 \\ \tilde{p} = \sum_{k=1}^{3} \theta_k \tilde{p}_k + (1 - \theta_1 - \theta_2 - \theta_3) \tilde{p}_4 \\ 0 = \sum_{k=1}^{3} \omega_k \tilde{p}_k + (1 - \omega_1 - \omega_2 - \omega_3) \tilde{p}_4 \end{cases} \qquad (4.34)$$

其中，$\tilde{p}_k$ 表示经济部门 K 的价格偏离，$\tilde{p}$ 表示在 t 时刻整体物价水平（即居民消费价格指数）的偏离，λ_k 表示经济部门 K 中可及时更新价格的厂商比例，α_k 是经济部门 K 对于经济周期的敏感系数，$\tilde{\varepsilon}_k$ 表示经济部门 K 的特有冲击，θ_k 与 ω_k 分别为经济部门 K 的价格在 CPI 与 GPI 中的权重。

（二）各经济部门的价格偏离公式推导

本节所构建的四部门经济模型中确定各经济部门价格偏离的原始方程如式（4.35）：

$$\tilde{p}_k = \lambda_k(\tilde{p} + \alpha_k \tilde{x} + \tilde{\varepsilon}_k), \quad k = 1,2,3,4 \tag{4.35}$$

若直接采用式（4.35）进行参数估计，可能会导致残差 $\tilde{\varepsilon}_k$ 与整体价格水平偏离 $\tilde{p}$ 相关，这与一般均衡模型设定相冲突。为解决这一问题，我们参考 Shah (2017) 的做法，将整体价格水平偏离 $\tilde{p}$ 加以剔除，提取出各经济部门价格相对于整体价格水平的特有偏离 $\tilde{p}'_k$。具体而言，令 $\tilde{p}'_k = \tilde{p}_k / \lambda_k - \tilde{p}$，将式（4.35）进行变形，整理后得到式（4.36）：

$$\tilde{p}'_k = \alpha_k \tilde{x} + \tilde{\varepsilon}_k, \quad k = 1,2,3,4 \tag{4.36}$$

由式（4.36）不难看出，各经济部门价格的特有偏离取决于两大因素：其一是该部门价格受宏观产出的影响，其二则是该经济部门内部的特有冲击。这一公式不仅具有严密的经济学理论基础，同时也与社会经济实际较为契合，故将其用于后文中的实证回归。

（三）央行效用函数的求解

解决四经济部门模型的最优化问题，首先要求出模型中整体经济的产出缺口，随后根据产出缺口的取值确定中央银行效用函数。由于模型中含有四大经济部门，产出缺口的求解过程较为烦琐，此处不再列出具体运算过程。经过一系列数学推导，得出产出缺口为式（4.37）：

$$\tilde{x} = \frac{\left\{\begin{array}{l} \lambda_1[\omega_1 + \lambda_4(\theta_1 - \omega_1) + (\lambda_3 - \lambda_4)(\omega_3\theta_1 - \omega_1\theta_3) + (\lambda_2 - \lambda_4)(\omega_2\theta_1 - \omega_1\theta_2)]\varepsilon_1 + \\ \lambda_2[\omega_2 + \lambda_4(\theta_2 - \omega_2) + (\lambda_3 - \lambda_4)(\omega_3\theta_2 - \omega_2\theta_3) + (\lambda_1 - \lambda_4)(\omega_1\theta_2 - \omega_2\theta_1)]\varepsilon_2 + \\ \lambda_3[\omega_3 + \lambda_4(\theta_3 - \omega_3) + (\lambda_1 - \lambda_4)(\omega_1\theta_3 - \omega_3\theta_1) + (\lambda_2 - \lambda_4)(\omega_2\theta_3 - \omega_3\theta_2)]\varepsilon_3 + \\ \lambda_4\left[\begin{array}{l} 1 + \sum\limits_{m=1}^{3}\lambda_m\omega_m - \sum\limits_{m=1}^{3}\lambda_m\theta_m - \sum\limits_{m=1}^{3}\omega_m + (\lambda_1 - \lambda_3)(\omega_3\theta_1 - \omega_1\theta_3) + \\ (\lambda_1 - \lambda_2)(\omega_2\theta_1 - \omega_1\theta_2) + (\lambda_2 - \lambda_3)(\omega_2\theta_3 - \omega_3\theta_2) \end{array}\right]\varepsilon_4 \end{array}\right\}}{\left\{\begin{array}{l} \lambda_4\alpha_4 + \sum\limits_{m=1}^{3}\lambda_m\alpha_m\omega_m - \lambda_4\alpha_4\sum\limits_{m=1}^{3}\omega_m - \lambda_1\lambda_3[(\alpha_1 - \alpha_3)(\theta_1\omega_3 - \theta_3\omega_1)] + \\ \lambda_3\lambda_4[(\alpha_3 - \alpha_4)(\theta_1\omega_3 + \theta_2\omega_3 - \theta_3\omega_1 - \theta_3\omega_2 + \theta_3 - \omega_3)] + \\ \lambda_2\lambda_3[(\alpha_2 - \alpha_3)(\theta_2\omega_3 - \theta_3\omega_2)] + \lambda_1\lambda_2[(\alpha_1 - \alpha_2)(\theta_1\omega_2 - \theta_2\omega_1)] + \\ \lambda_1\lambda_4[(\alpha_1 - \alpha_4)(\theta_3\omega_1 + \theta_2\omega_1 - \theta_1\omega_2 - \theta_1\omega_3 + \theta_1 - \omega_1)] + \\ \lambda_2\lambda_4[(\alpha_2 - \alpha_4)(\theta_1\omega_2 + \theta_3\omega_2 - \theta_2\omega_1 - \theta_2\omega_3 + \theta_2 - \omega_2)] \end{array}\right\}}$$

$$\tag{4.37}$$

在我们所建立的四经济部门一般均衡模型中，中央银行致力于实现社会整体福利的最大化，前文已经说明这一情形下中央银行的效用函数近似为产出缺口波动方差的负值，即式（4.38）：

$$E(U(\cdot)) =$$

$$-\frac{\left\{\begin{array}{l} \sigma_1^2 (\lambda_1 [\omega_1 + \lambda_4(\theta_1 - \omega_1) + (\lambda_3 - \lambda_4)(\omega_3\theta_1 - \omega_1\theta_3) + (\lambda_2 - \lambda_4)(\omega_2\theta_1 - \omega_1\theta_2)])^2 + \\ \sigma_2^2 (\lambda_2 [\omega_2 + \lambda_4(\theta_2 - \omega_2) + (\lambda_3 - \lambda_4)(\omega_3\theta_2 - \omega_2\theta_3) + (\lambda_1 - \lambda_4)(\omega_1\theta_2 - \omega_2\theta_1)])^2 + \\ \sigma_3^2 (\lambda_3 [\omega_3 + \lambda_4(\theta_3 - \omega_3) + (\lambda_1 - \lambda_4)(\omega_1\theta_3 - \omega_3\theta_1) + (\lambda_2 - \lambda_4)(\omega_2\theta_3 - \omega_3\theta_2)])^2 + \\ \sigma_4^2 \left(\lambda_4 \left[\begin{array}{l} 1 + \sum_{m=1}^{3}\lambda_m\omega_m - \sum_{m=1}^{3}\lambda_m\theta_m - \sum_{m=1}^{3}\omega_m + (\lambda_1 - \lambda_3)(\omega_3\theta_1 - \omega_1\theta_3) + \\ (\lambda_1 - \lambda_2)(\omega_2\theta_1 - \omega_1\theta_2) + (\lambda_2 - \lambda_3)(\omega_2\theta_3 - \omega_3\theta_2) \end{array}\right]\right)^2 \end{array}\right\}}{\left\{\begin{array}{l} \lambda_4\alpha_4 + \sum_{m=1}^{3}\lambda_m\alpha_m\omega_m - \lambda_4\alpha_4\sum_{m=1}^{3}\omega_m - \lambda_1\lambda_3[(\alpha_1 - \alpha_3)(\theta_1\omega_3 - \theta_3\omega_1)] + \\ \lambda_3\lambda_4[(\alpha_3 - \alpha_4)(\theta_1\omega_3 + \theta_2\omega_3 - \theta_3\omega_1 - \theta_3\omega_2 + \theta_3 - \omega_3)] + \\ \lambda_2\lambda_3[(\alpha_2 - \alpha_3)(\theta_2\omega_3 - \theta_3\omega_2)] + \lambda_1\lambda_2[(\alpha_1 - \alpha_2)(\theta_1\omega_2 - \theta_2\omega_1)] + \\ \lambda_1\lambda_4[(\alpha_1 - \alpha_4)(\theta_3\omega_1 + \theta_2\omega_1 - \theta_1\omega_2 - \theta_1\omega_3 + \theta_1 - \omega_1)] + \\ \lambda_2\lambda_4[(\alpha_2 - \alpha_4)(\theta_1\omega_2 + \theta_3\omega_2 - \theta_2\omega_1 - \theta_2\omega_3 + \theta_2 - \omega_2)] \end{array}\right\}^2}$$

$$(4.38)$$

通过最大化式（4.38）形式的效用函数，中央银行不仅能够实现最高水平的社会整体福利，还可以使经济的实际产出尽可能接近于潜在产出水平，兼备一定的理论与现实意义。本节后续内容的最优化算法将基于式（4.38）进行，通过中央银行效用函数的最大化确定广义价格指数（GPI）中各价格指数成分的最优权重，进而检验 GPI 作为通胀目标制的锚指标的宏观调控效果。

二、中国广义价格指数的实证构建

（一）数据的选取及处理

我们选取 CPI、食品类 CPI、非食品类 CPI 与 70 个大中城市新建住宅价格指数当月同比、上证综合指数收盘价月度均值、GDP 当季值（现价）作为原始数据序列①。其中 70 个大中城市新建住宅价格指数当月同比数据自 2005 年 7 月起才开始公布，我们将样本区间定为 2006 年 1 月到 2016 年 12 月共 11 个完整年度，数据均来源于 Wind 数据库。数据处理过程如下：首先，参考余辉和余剑（2013）与肖强（2015）的做法，采用"二次函数与和相匹配"的算法将 GDP 季度数据变频得出月度数据。随后，为消除上证综合指数、GDP 数据与 70 个大中城市新建住宅价格指数中的通货膨胀成分，将前两个序列除以定基 CPI 序列，而 70 个大中城市新建住宅指数当月同比序列则直接减去当月居民消费价格指数同比序列，最终均以得到的新序列替代原序列。其次，考虑到其他价格指数序列皆为同比数据，我们对股票价格作进一步的处理，通过计算得到上证综合指数月度实际同比。再次，考虑到包括 CPI 在内的各时间序列中可能存在的季节因素（吴岚，2012），我们将所有时间序列进行 X12 季节处理，分离其中的季节成分。最后，我们根据 HP 滤波方法估计各时间序列的潜在趋势并计算缺口值序列，获得四经济部门模型中的整体物价水平偏离、食品部门价格偏离、非食品部门价格偏离、房地产部门价格偏离、股票市场部门价格偏离与产出缺口序列。ADF 检验结果显示上述序列均满足一阶平稳，限于篇幅此处省略。

（二）广义价格指数所对应模型的参数确定

本部分用于中国广义价格指数构建的四经济部门模型中，共包括 CPI 中各经济部门价格的比重 θ_k、各经济部门中及时更新价格的厂商比例 λ_k、经济部门 K 对于经济周期的敏感系数 α_k 与其部门特有冲击 $\tilde{\varepsilon}_k$ 4 种参数，其中 θ_k 与 λ_k 的取值可通过参数校准确定，而 α_k 与 $\tilde{\varepsilon}_k$ 则要通过对各经济部门价格偏离公式的回归进行参数估计。

在进行实证回归之前，需要先行确定 CPI 中各经济部门价格的比重 θ_k 与各经济部门中及时更新价格的厂商比例 λ_k。考虑到目前我国的 CPI 中各分类商品价格的对应权重并未公开，我们引用侯成琪（2011）估算出的权重结果作为本书样本期内的分类权重，即食品部门价格、非食品部门价格、房地产部门价格、股票市场部门价格占 CPI 中的权重 θ_k 依次为 33.9%、66.1%、0 和 0。而

---

① 此处所加入的房地产价格、股票价格处理方法已与前文保持一致。

各经济部门中及时更新价格的厂商比例 λ_k 同样需要进行参数校准，本书遴选相关领域若干较为权威的国内文献作为主要参考基准。将侯成琪（2014）对我国各部门价格黏性的估计结果整理后，发现我国食品与住房两部门的价格黏性程度略低于非食品经济部门，综合康立（2014）、马亚明（2014）分别在动态一般均衡建模中将我国零售商、房地产部门的价格黏性系数设置为 0.75[①]，故我们令食品部门与房地产部门的 λ_1、λ_3 均为 0.25，而非食品部门的价格黏性系数微调为 0.8，即 $\lambda_2 = 1 - 0.8 = 0.2$。而对于股票市场部门的价格黏性国内尚未有文献进行研究，我们参考 Shah（2017）的研究中股票市场部门的价格黏性系数为 0.5 的设定，同时考虑到我国股票市场信息披露机制尚不完善，最终将股票市场部门的相应参数 λ_4 取值为 0.4。通过校准确定的参数的具体取值如表 4.4 所示。

表 4.4　　　　　　　　　四部门模型部分参数的校准取值

参　数 ＼ 经济部门	食品部门	非食品部门	房地产部门	股票市场部门
θ_k	33.9%	66.1%	0	0
λ_k	0.25	0.2	0.25	0.4

完成上述参数的校准之后，我们采用广义矩估计（GMM）回归方法对式（4.36)加以估计，相比于 MLS、OLS 与 TSLS 等方法，其优点在于：在经济问题研究中，GMM 方法既可以施加具有经济学含义的约束条件，同时也不需要进行过于严格的不符合经济学实际的分布假设（Wooldridge，2001）。在回归过程中，我们选取产出缺口 $\tilde{x}$ 的滞后一阶作为工具变量，GMM 回归结果中产出缺口 $\tilde{x}$ 的系数值即为原四部门模型中的 α_k，且回归后可以通过残差序列计算得到 $Var(\tilde{\varepsilon}_k)$，亦即模型中 σ_k^2 的取值。整理后的参数估计结果见表 4.5。

---

① 本书中的 λ_k 表示各经济部门中及时更新价格的厂商比例，故本书所参考文献中黏性系数为 0.75 的设定对应于 λ_k 的取值为 0.25。

表 4.5 四部门模型的参数估计结果

经济部门 参　数	食品部门	非食品部门	房地产部门	股票市场部门
α_k	10.13483（＊＊＊）	1.553945（＊＊＊）	4.064559（＊＊）	21.42502（＊＊）
σ_k^2	0.013965	0.000455	0.022738	0.223393

注：表中括号内＊＊＊、＊＊、＊分别表示 1%、5%、10% 的显著性水平。

由表 4.5 可知，各经济部门的回归方程拟合优度都较高，至少在 5% 的显著性水平下拒绝原假设。由最终的 σ_k^2 取值，不难看出四经济部门的特有冲击呈现出股票市场 > 房地产部门 > 食品部门 > 非食品部门的特征，这一结果与我国股票价格波动较紊乱、食品与房地产价格存在特有周期性波动、非食品部门价格波动紧跟宏观经济走势的现状颇为契合，在一定程度上验证了结果的准确性与可靠性。

（三）中国广义价格指数的最优权重运算

在完成上述参数估计后，我们进一步通过最优化运算确定广义价格指数中各经济部门价格的权重。我们选用的最优化算法为内点法，为便于理解，此处将其运算机理作简单介绍。内点法（Interior – Point Method）又称内点罚函数法，考虑一般约束优化问题：

$$\min f(x), \qquad x \in \Omega$$
$$s.t. \ h_i(x) = 0, \ i \in \Phi = \{1,2,\cdots,l\} \qquad (4.39)$$
$$g_i(x) \geqslant 0, i \in \Psi = \{1,2,\cdots,m\}$$

其中，Ω 为给定的可行集，$f(x)$ 为定义在集合 Ω 上连续可微的多元实值目标函数，x 为向量形式的决策变量。对于式（4.39）形式的多维最优化约束问题，内点法特征的罚函数法对于等式约束利用"外罚函数"的思想，而对于不等式约束则利用"障碍函数"的思想，构造出所谓混合增广目标函数：

$$H(x,\mu) = f(x) + \frac{1}{2\mu}\sum_{i=1}^{l} h_i^2(x) + \mu \sum_{i=1}^{m} \frac{1}{g_i(x)} \qquad (4.40)$$

式（4.40）中 $\mu > 0$ 为罚因子（充分小的正数），$\sum_{i=1}^{l} h_i^2(x)$ 为罚函数，$\sum_{i=1}^{m} \frac{1}{g_i(x)}$ 是障碍函数。其中罚函数的引入使原可行集中偏离于线性约束条件的点将导致混合增广目标函数值增大，而障碍函数的设置原理亦是类似。由此可见，内点法根据约束条件的特点，将其转化成一定形式的惩罚函数加到目标函数中去，从而将约束优化问题转化为一系列的无约束优化问题来求解，并最终得到原约束条件下的最优解。最优化运算过程表示如下：

步骤 0，给定初始点 $x_0 \in \Omega$，终止误差 $0 \leqslant \varepsilon \ll 1$，$\mu_1 > 0$ 且 $\rho > 1$，令 $k = 1$。

步骤 1，以 x_{k-1} 为初始点求解无约束子问题，得极小点 x_k。

步骤 2，若 $\dfrac{1}{2\mu_k} \sum\limits_{i=1}^{l} h_i^2(x) \leqslant \varepsilon$ 与 $\mu \sum\limits_{i=1}^{m} \dfrac{1}{g_i(x)} \leqslant \varepsilon$ 均满足，停止运算并输出 $x^* \approx x_k$ 作为原问题的近似极小点；否则转步骤 3。

步骤 3，令 $\mu_{k+1} = \rho\mu_k$，$k := k + 1$，转步骤 1。

本部分运用的内点法依赖于 Matlab 2013b 软件，最优化运算目标为最大化中央银行效用函数式（4.38）。运算初始点设置为原 CPI 权重，即食品部门、非食品部门、房地产部门与股票市场部门的权重依次为 33.9%、66.1%、0、0，其他指标均采用系统默认值。为验证内点法计算结果的稳健性，本书同时使用序列二次规划（SQP）算法进行同样的运算，并综合 Shah（2017）基于美国相关数据纳入股票市场基本价格编制的 OSI（Output Stability Index）指数相应权重进行比较，结果整理如表 4.6 所示。

表 4.6　　　　　　　　　　广义价格指数权重的最优化运算结果　　　　　　单位：%

GPI 权重	食品部门（FP）	非食品部门（NFP）	房地产部门（HP）	股票市场部门（SP）
内点法	3.52	73.84	21.69	0.95
SQP 法	2.28	74.97	21.88	0.87
OSI 权重	食品部门	能源部门	其他产品部门	股票市场部门
美国	2	7	88	3

由表 4.6 的结果不难看出，两种不同的最优化算法的计算结果基本保持一致。因此权重确定过程不存在由于最优化方法选择导致的错误估计问题，运用内点法计算出的最优化权重选择结果是可信的。

总体而言，食品与非食品代表的实体经济部门占比接近 3/4，传统 CPI 包含的食品部门与非食品部门依然是 GPI 的主要成分，以房地产、股票市场为主体的虚拟经济部门相比之下虽有不小的差距，但资产价格尤其是房地产价格对于中国整体价格水平的影响力亦不容忽视。在实体、虚拟两大经济类型的总体特征之下，各经济部门的具体情况亦值得关注，故我们结合价格指数权重确定内在机理解析中得到的四大推论逐一进行分析。相比于食品部门价格在 CPI 中的权重（33.9%），其在 GPI 中所占权重显著降低，考虑到食品价格包含过多异质性相对价格变化且波动剧烈（侯成琪，2011），其权重下降或许有利于 GPI 对于宏观经济信息的准确反映。而由于非食品部门的部门特有冲击较小，其在 GPI 中的权重也略有增加；而出于相反原因，股票市场部门的权重仅为 0.95%。值得注意的是，在 GPI 中房地产部门的权重上升为 21.69%，这一方面是由于房地产价格特有冲击不高，另一方面与房地产价格未被列入居民消费价格指数有关。

与美国 OSI 权重做横向比较后，发现 OSI 指数对于波动较为频繁的食品、能源部门赋值较低，而其他产品部门赋值较高，这与基于我国广义价格指数殊途同归。针对各部门的具体权重划分，我们发现：其一，基于中央银行效用最大化的我国 GPI 中资产价格的加总权重略高于 1/4，其中房地产部门价格权重高达 21.69%，说明资产价格，尤其是房地产价格是货币政策当局应加以关注的有用通胀指标；其二，Shah（2017）构建的 OSI 指数中股票市场部门价格的权重仅为 3%，但仍高于 GPI 中的股价权重。这一方面说明定价机制复杂、价格波动频繁的股票市场价格可能不适于直接作为宏观经济政策制定的重要参考指标，另一方面也从侧面印证了我国股票市场相对于发达国家已经成熟的股票市场仍有一定差距。

综上所述，中国广义价格指数的构成与理论研究与经济实际较为契合，其中资产价格成分权重较高（25.21%），值得引起学术界与货币政策当局的注意。面对实体经济困难重重、虚拟经济节节攀高的经济形势与资产价格频繁剧烈波动、消费价格指数相对平稳的价格走势，将资产价格纳入价格指数编制具有重要的理论与现实意义。

三、中国广义价格指数的分析与检验

（一）中国广义价格指数的综合分析

经过实证回归与最优化运算，最终确定的中国广义价格指数（GPI）如式（4.41）所示：

$$GPI = 3.52\% \times FP + 73.84\% \times NFP + 21.69\% \times HP + 0.95\% \times SP$$

（4.41）

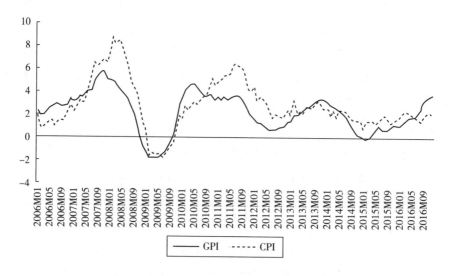

图 4.13 广义价格指数（GPI）与居民消费价格指数（CPI）

图 4.13 比较了我国广义价格指数与居民消费价格指数的波动趋势。不难看出，GPI 的总体趋势较为平稳且整体水平相对低于 CPI。描述性统计数据印证了这一直观结论，在样本区间内，GPI 的标准差仅为 1.3897，而 CPI 的同项指标为 2.1487，前者与后者的平均值分别为 1.6479 与 2.81。初步来看似乎与资产价格总体水平偏高的特征不符，然而综合考虑到往往拉动我国物价水平上升的食品部门价格在 CPI 中的权重过高，而在 GPI 中经过权重修正后的食品价格权重下降高达 30.38%，这一现象也就不难理解了。进一步考察发现 GPI 的变异系数（0.8433）高于 CPI（0.7651），说明加入具有频繁波动特征的资产价格后，价格指数波动性实际上有所提升。

除此之外，可以看出两种价格指数虽然具有比较相似的总体波动趋势，但是两者动态特征上存在一定区别。总体而言 GPI 水平相对较低，其中当发生严重通货膨胀时传统的 CPI 往往偏高，而严重通货紧缩时期内两类价格指数基本保持一致。以 2007—2008 年的严重通货膨胀时期为例，2008 年 2 月我国 CPI 到达区间内峰值 8.7，而同期 GPI 仅为 3.1085。2008 年 CPI 与 GPI 的差额均值为 4.2139，尤其在 2008 年 4 月差距高达 6.0031。CPI 对于实际通货膨胀的测度可能存在一定程度的偏差，这一方面由食品消费成本变化的过度扰动所导致，另一方面则可能是因为其忽视了资产价格的预见性波动。

（二）中国广义价格指数的有效性检验

1. 基于实证模型的检验。值得注意的是，将两类价格指数与我国宏观经济数据结合进行分析，发现相比于 CPI，GPI 可能与宏观经济走势更为契合。具体而言，GPI 自 2007 年 11 月起进入下行周期，而我国国内生产总值同比与规模以上工业增加值同比均于 2007 年第四季度开始逐渐回落，而 CPI 的变动明显滞后。其后，在一系列经济刺激政策的影响下，我国 GDP 同比与规模以上工业增加值同比数据在 2009 年初止跌回升，然而短暂回暖后不久就于 2010 年初再次下行，我国进入经济新常态时期，这一区间内 GPI 与宏观经济数据的走势基本保持一致。而随着供给侧结构性改革的逐步深入，自 2015 年 3 月至今宏观经济企稳回升，通货膨胀压力逐渐增大，规模以上工业增加值同比始终保持在 6% 左右，与此相应的是 GPI 自 2015 年起开始上行，而同时期 CPI 仍在 2% 左右浮动。为进一步比较两类价格指数与我国宏观经济活动的契合程度，将同为月度数据的规模以上工业增加值同比与两类价格指数与进行了相关性检验，结果显示其与 GPI、CPI 的相关系数分别为 0.5494 和 0.3388。综上所述，相对于 CPI，GPI 对于宏观经济信息的捕捉更为准确，广义价格指数的波动与我国宏观经济的走势更为契合。

仔细观察图 4.13，可以发现 CPI 相比于 GPI 具有比较明显的滞后性。随后，本书对 GPI 与 CPI 进行了跨期相关性检验（见图 4.14），结果显示广义价格指数与滞后 2~6 期的居民消费价格指数相关系数均在 0.7 以上，验证了 GPI 对于 CPI 具有一定程度的领先波动与预期作用。为进一步证实这一结论，我们随后进行了包含 3 期的格兰杰因果检验（见表 4.7），结果显示滞后 3 期以内 GPI 均能格兰杰引起 CPI 的变动。

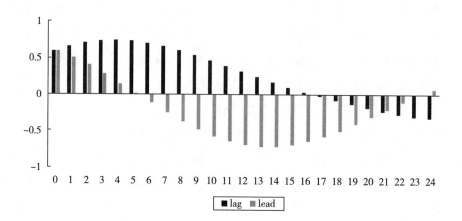

图 4.14　GPI 与 CPI 的跨期相关性分析

表 4.7　　　　　　　　GPI 与 CPI 的格兰杰因果关系检验结果

原假设	P 值 （L = 1）	P 值 （L = 2）	P 值 （L = 3）
GPI 不是 CPI 的格兰杰原因	3. E – 06	2. E – 06	0.0013
CPI 不是 GPI 的格兰杰原因	4. E – 07	0.0018	0.0009

注：表中括号内 L 取值为滞后期数，如 L = 1 即表示滞后 1 期。

2. 基于理论模型的检验。将资产价格纳入通胀测度，构建中国广义价格指数的根本目的在于，为我国货币政策当局提供一个优于 CPI 的通货膨胀参考指标。因此，检验广义价格指数的有效性，主要应该关注的问题在于：将广义价格指数作为中央银行的通货膨胀关注指标，我国宏观调控政策效果是否真正得到提高。出于稳健性考虑，本部分将基于所构建一般均衡模型中的中央银行效用函数形式、经典形式的中央银行函数分别进行有效性检验。

（1）基于一般均衡模型形式中央银行效用函数的检验。前文中的一般均衡分析已经表明，在所设计的四部门经济系统中产出缺口的值为式（4.42），而与之相对应的中央银行效用函数（亦即产出缺口波动方差）取值为式（4.43）。

$$\tilde{x} = \frac{\left\{\begin{array}{l}\lambda_1\big[\omega_1 + \lambda_4(\theta_1 - \omega_1) + (\lambda_3 - \lambda_4)(\omega_3\theta_1 - \omega_1\theta_3) + (\lambda_2 - \lambda_4)(\omega_2\theta_1 - \omega_1\theta_2)\big]\varepsilon_1 + \\[4pt] \lambda_2\big[\omega_2 + \lambda_4(\theta_2 - \omega_2) + (\lambda_3 - \lambda_4)(\omega_3\theta_2 - \omega_2\theta_3) + (\lambda_1 - \lambda_4)(\omega_1\theta_2 - \omega_2\theta_1)\big]\varepsilon_2 + \\[4pt] \lambda_3\big[\omega_3 + \lambda_4(\theta_3 - \omega_3) + (\lambda_1 - \lambda_4)(\omega_1\theta_3 - \omega_3\theta_1) + (\lambda_2 - \lambda_4)(\omega_2\theta_3 - \omega_3\theta_2)\big]\varepsilon_3 + \\[4pt] \lambda_4\left[\begin{array}{l}1 + \sum_{m=1}^{3}\lambda_m\omega_m - \sum_{m=1}^{3}\lambda_m\theta_m - \sum_{m=1}^{3}\omega_m + (\lambda_1 - \lambda_3)(\omega_3\theta_1 - \omega_1\theta_3) + \\ (\lambda_1 - \lambda_2)(\omega_2\theta_1 - \omega_1\theta_2) + (\lambda_2 - \lambda_3)(\omega_2\theta_3 - \omega_3\theta_2)\end{array}\right]\varepsilon_4\end{array}\right\}}{\left\{\begin{array}{l}\lambda_4\alpha_4 + \sum_{m=1}^{3}\lambda_m\alpha_m\omega_m - \lambda_4\alpha_4\sum_{m=1}^{3}\omega_m - \lambda_1\lambda_3\big[(\alpha_1 - \alpha_3)(\theta_1\omega_3 - \theta_3\omega_1)\big] + \\[4pt] \lambda_3\lambda_4\big[(\alpha_3 - \alpha_4)(\theta_1\omega_3 + \theta_2\omega_3 - \theta_3\omega_1 - \theta_3\omega_2 + \theta_3 - \omega_3)\big] + \\[4pt] \lambda_2\lambda_3\big[(\alpha_2 - \alpha_3)(\theta_2\omega_3 - \theta_3\omega_2)\big] + \lambda_1\lambda_2\big[(\alpha_1 - \alpha_2)(\theta_1\omega_2 - \theta_2\omega_1)\big] + \\[4pt] \lambda_1\lambda_4\big[(\alpha_1 - \alpha_4)(\theta_3\omega_1 + \theta_2\omega_1 - \theta_1\omega_2 - \theta_1\omega_3 + \theta_1 - \omega_1)\big] + \\[4pt] \lambda_2\lambda_4\big[(\alpha_2 - \alpha_4)(\theta_1\omega_2 + \theta_3\omega_2 - \theta_2\omega_1 - \theta_2\omega_3 + \theta_2 - \omega_2)\big]\end{array}\right\}}$$

$$(4.42)$$

$$E[U(\cdot)] = $$

$$-\frac{\left\{\begin{array}{l}\sigma_1^2\big(\lambda_1[\omega_1 + \lambda_4(\theta_1 - \omega_1) + (\lambda_3 - \lambda_4)(\omega_3\theta_1 - \omega_1\theta_3) + (\lambda_2 - \lambda_4)(\omega_2\theta_1 - \omega_1\theta_2)]\big)^2 + \\[4pt] \sigma_2^2\big(\lambda_2[\omega_2 + \lambda_4(\theta_2 - \omega_2) + (\lambda_3 - \lambda_4)(\omega_3\theta_2 - \omega_2\theta_3) + (\lambda_1 - \lambda_4)(\omega_1\theta_2 - \omega_2\theta_1)]\big)^2 + \\[4pt] \sigma_3^2\big(\lambda_3[\omega_3 + \lambda_4(\theta_3 - \omega_3) + (\lambda_1 - \lambda_4)(\omega_1\theta_3 - \omega_3\theta_1) + (\lambda_2 - \lambda_4)(\omega_2\theta_3 - \omega_3\theta_2)]\big)^2 + \\[4pt] \sigma_4^2\left(\lambda_4\left[\begin{array}{l}1 + \sum_{m=1}^{3}\lambda_m\omega_m - \sum_{m=1}^{3}\lambda_m\theta_m - \sum_{m=1}^{3}\omega_m + (\lambda_1 - \lambda_3)(\omega_3\theta_1 - \omega_1\theta_3) + \\ (\lambda_1 - \lambda_2)(\omega_2\theta_1 - \omega_1\theta_2) + (\lambda_2 - \lambda_3)(\omega_2\theta_3 - \omega_3\theta_2)\end{array}\right]\right)^2\end{array}\right\}}{\left\{\begin{array}{l}\lambda_4\alpha_4 + \sum_{m=1}^{3}\lambda_m\alpha_m\omega_m - \lambda_4\alpha_4\sum_{m=1}^{3}\omega_m - \lambda_1\lambda_3\big[(\alpha_1 - \alpha_3)(\theta_1\omega_3 - \theta_3\omega_1)\big] + \\[4pt] \lambda_3\lambda_4\big[(\alpha_3 - \alpha_4)(\theta_1\omega_3 + \theta_2\omega_3 - \theta_3\omega_1 - \theta_3\omega_2 + \theta_3 - \omega_3)\big] + \\[4pt] \lambda_2\lambda_3\big[(\alpha_2 - \alpha_3)(\theta_2\omega_3 - \theta_3\omega_2)\big] + \lambda_1\lambda_2\big[(\alpha_1 - \alpha_2)(\theta_1\omega_2 - \theta_2\omega_1)\big] + \\[4pt] \lambda_1\lambda_4\big[(\alpha_1 - \alpha_4)(\theta_3\omega_1 + \theta_2\omega_1 - \theta_1\omega_2 - \theta_1\omega_3 + \theta_1 - \omega_1)\big] + \\[4pt] \lambda_2\lambda_4\big[(\alpha_2 - \alpha_4)(\theta_1\omega_2 + \theta_3\omega_2 - \theta_2\omega_1 - \theta_2\omega_3 + \theta_2 - \omega_2)\big]\end{array}\right\}^2}$$

$$(4.43)$$

为进一步比较以 GPI 与 CPI 进行宏观调控的效果，我们根据一般均衡分析中所得到的产出缺口方差公式，将基于广义矩估计法与 Interior – Point 最优化算法实证确定的参数分别代入，计算以两类价格指数作为货币政策当局通货膨胀锚目标时所对应产出缺口序列的方差（见表4.8）。结果显示，GPI 的引入显著降低了产出缺口序列的方差，亦即以 GPI 替代 CPI 作为货币政策当局的通货膨胀关注指标，可以显著降低货币政策当局的宏观调控成本，有力推动宏观经济整体产出趋近于潜在水平。

表4.8　　　　　　　　**不同通胀指标下产出缺口方差对比**　　　　　　单位：e^{-5}

通胀指标	产出缺口方差
GPI	4.4305
CPI	8.9705

（2）基于经典形式中央银行损失函数的检验。完成上述检验后，我们继续基于较为经典的中央银行损失函数形式检验广义价格指数作为通胀指标的有效性。中央银行的主要政策目标为经济增长与物价稳定，但不同中央银行对于政策目标的偏好存在一定差异，因此与之对应的损失函数亦有所不同。参考汪恒（2007），将经典形式的中央银行损失函数设置为式（4.44）：

$$\min\{\alpha\,(y_t - \bar{y})^2 + (1 - \alpha)\,(\pi_t - \bar{\pi})^2\}\qquad(4.44)$$

其中，$(y_t - \bar{y})$ 与 $(\pi_t - \bar{\pi})$ 分别表示产出与通胀偏离均衡水平的程度，α 代表中央银行对于经济增长目标的相对关注度，其值越大关注度越高，同理 $(1 - \alpha)$ 则代表中央银行对于物价稳定目标的重视程度。基于已有实证数据，我们将 $(y_t - \bar{y})$ 对应于产出缺口，而 $\bar{\pi}$ 设定为样本期内通胀指标的平均值，并分别采用传统 CPI 与广义价格指数作为通胀指标，依次计算货币政策偏好系数 α 为 0.3、0.5 与 0.7 时的损失函数值（见表4.9）。

表4.9　　　　　　　　**两种不同通胀指标下中央银行损失函数值**

系数 α 取值 通货膨胀指标	偏好系数		
	0.3	0.5	0.7
GPI	219.9435	197.9182	175.8929
CPI	466.2461	373.8486	281.4511

由表4.9可知，在所选择的任一取值下，以 GPI 作为通胀指标的损失函数值都比 CPI 指标的对应值更低。故基于经典形式中央银行损失函数进行检验的结论与前文一致，即将广义价格指数作为中央银行的通胀关注指标，能够有效

提高宏观调控政策效果。

四、本节小结

本节立足于我国现实国情，在前文多部门新凯恩斯一般均衡分析与资产价格指标甄选的基础之上，构建了广义价格指数编制四部门经济模型，并综合运用 GMM 方法、最优化算法构建了中国广义价格指数。经过多种方法的反复检验，本书认为相比于消费者价格指数，广义价格指数在多重标准下均具有优越性；以广义价格指数作为货币政策当局的通胀关注指标，能够切实提高调控效果，有效增进社会福利。

第六节　结论及政策建议

鉴于既有广义价格指数编制方法存在理论基础不足、指标选取主观性较强的缺陷，本章首先基于 Mankiw 和 Reis（2003）的模型展开多部门新凯恩斯一般均衡分析，深入剖析广义价格指数中各成分价格指标的最优权重确定机理；随后综合运用文献研究法与实证分析法，基于多重检验标准选取纳入广义价格指数的资产价格指标；最后在前文的理论与实证分析基础上，综合运用 GMM 计量方法和 Interior – Point 最优化算法编制出了中国的广义价格指数并对其加以检验。综合实证分析与检验结果，得出以下研究结论：

第一，CPI 对于通货膨胀的测度存在一定偏差。我国当前处于经济转向增速换挡、结构调整和前期政策消化的三期叠加阶段，整体价格水平呈现出 CPI 低位平稳与资产价格时有震荡的结构性失衡特点。新形势下作为居民消费成本衡量指标的 CPI 在通货膨胀测度方面的不足逐渐暴露。一方面，当前我国实体经济面临调整，虚拟经济过度膨胀，经济中"脱实向虚"的趋势尚未扭转，而现行通胀测度方法过度关注实体经济部门物价水平的一般性波动，对于虚拟经济部门价格趋势的把控严重失实。另一方面，我国 CPI 权重设置自身存在问题，尤其是食品权重过高而住房支出权重偏低，不仅导致 CPI 易受食品价格周期性调整引发过度波动，也造成我国家庭的居住成本被严重低估。

第二，GPI 是测度整体价格水平的合理指标。此前已经有诸多学者提出资产价格包含未来产出与通货膨胀的有用信息，货币政策当局应将资产价格作为重要的关注指标。本研究依托于新凯恩斯一般均衡模型基础，基于中央银行效用最大化的 Interior – Point 算法构建了纳入房价、股价的 GPI。本研究验证了资产价格，尤其是房地产价格应被纳入通货膨胀测度，我们编制的 GPI 不仅吸纳了资产价格中的对于未来产出与通胀的有用信息，还有效降低了与宏观经济走势无关的无序波动，可以更为精准地测度我国总体物价水平。

第三，GPI 适合作为货币政策当局关注的物价指标。本研究发现纳入资产价格的 GPI 不仅对于 CPI 的未来波动具有良好的预测效果，且其走势与我国实体经济周期的波动更为契合，GPI 可以作为居民消费价格的先行指标与经济周期波动的参考指标，为货币政策当局稳定物价水平、保持经济增长提供前瞻性指引。进一步研究表明，以 GPI 替代 CPI 作为通货膨胀目标制下的通胀指标，可以有效降低产出缺口波动，提高货币政策当局的效用，推动经济实际产出接近于潜在水平。

第五章

物价指数修正与新时代货币政策调控取向

物价水平是关系到国民经济稳健运行与民众生活质量的核心经济指标，保持物价水平稳定是各国宏观经济调控的主要目标之一。准确地测度物价水平是有效治理通货膨胀、实现物价稳定的基础和前提。中央银行能否选择准确的通货膨胀指标进行政策搭配，直接关乎货币政策稳定物价的效果。尽管 CPI 是我国长期以来最重要的通胀衡量指标，但由于 CPI 自身的构成以及权重设定方面的偏差，致使 CPI 包含大量的"噪声"，从而可能误导央行对总体物价未来走势的判定。此外，在经济全球化加速推进、金融业快速发展、金融资产规模持续膨胀等因素的共同影响之下，通货膨胀形成机理正在逐步发生深刻的改变，资产价格剧烈波动与一般消费品价格水平相对平稳长期并存，虚拟经济部门与实体经济部门的价格水平运行态势呈现明显背离，致使通货膨胀主要表现为"结构性"通货膨胀，CPI 在衡量通货膨胀方面的准确性正在遭受较为严重的冲击。由于 CPI 在通货膨胀测度方面存在明显的"失真"现象，以 CPI 作为衡量总体物价水平的核心指标，会干扰和误导央行货币政策的制定与施行，在一定程度上削弱货币政策的有效性，甚至威胁到总体宏观经济的稳定。此外，CPI 测度通胀的有效性也经历质疑。鉴于此，科学修正物价指数、更准确地衡量一般价格水平，为宏观调控部门实施货币政策提供准确的通胀锚，具有重大的理论和现实意义。

已有关于物价指数修正的研究集中于对 CPI 自身的修正，主要体现在核心通货膨胀指数的编制与政策应用。在经济全球化加速推进、金融快速发展以及中国长期存在"资产短缺"的重大现实背景下，中国经济运行呈现出资产价格剧烈波动与一般消费品价格水平相对平稳长时期并存、虚拟经济部门与实体经济部门的价格水平运行明显背离的典型性事实，中国通货膨胀形成机理发生了本质变化，CPI 在衡量整体价格水平方面的准确性下降。因此，仅仅对 CPI 自身修正问题展开研究，难以实质性地解决 CPI 通胀测度偏差问题。鉴于此，本书扩展了通货膨胀指数修正研究的视角，一方面针对 CPI 自身修正相关问题进行了进一步的深入分析，另一方面着重探讨了广义通货膨胀水平的测度问题及政策启示。本书的研究结果表明，从 CPI 自身修正及广义价格指数构建两个维度对传统的居民消费价格指数 CPI 进行优化，可以较好地弥补现有物价指数在通货膨胀测度过程中存在的缺陷，优化货币政策稳定物价的效果。通过对研究结论进行有针对性的推演，本书形成了新时代如何完善现有货币政策框架的政策建议。

一、总结经验，完善物价统计与 CPI 指标体系

为了全方位、多角度地掌握社会物价水平的波动情况，我国需要进一步完善现有的通货膨胀指标体系，构建一个种类全面、准确有效、更新及时的指标体系。对此，需尽快完善 CPI 统计方法。具体而言，一是要根据我国居民消费结构与消费模式的变化，及时调整和更新 CPI 指标体系，以保证 CPI 指标体系随着我国居民消费结构与消费模式的变化定期调整，使统计结果更加符合实际情况；在我国经济发展进入新阶段后，通货膨胀指数作为经济发展和宏观调控的重要参考指标，其统计方法和权重制定既要能够满足货币政策制定者的需求，也应能够更周全地照顾到老百姓的实际感受。需根据经济运行过程中供求的变化，运用科学的方法及时调整和修正 CPI 各构成部分的权重，使央行准确把握物价变动态势、及时调整货币政策。二是要增强 CPI 指标体系的透明度，特别是要把 CPI 权重、样本的选择及采集过程、CPI 编制公式及编制过程等方面公

开，让 CPI 指标真正成为反映居民实际消费物价水平的真实信息。此外，还应在现有指标体系的基础上，继续完善包括总体与部门、中央与地方的通胀指标格局，时时追踪不同行业、不同地区的物价水平，重点关注高物价波动领域，便于宏观调控部门发现潜在风险点，及时有效地制定针对性政策。

二、编制核心通胀指数，努力把握通货膨胀长期变动趋势

中央银行基于物价指数对通货膨胀的运行态势的判断，是影响其货币政策决策与执行效力的重要因素。本书的研究结果表明，传统测度通货膨胀指标 CPI 经常受到临时性冲击的影响，并在短期内经常出现剧烈波动，从而给货币政策带来误判。因此，中央银行的货币政策应主要关注通货膨胀的长期变化趋势，而不仅仅是盯住当前标题通货膨胀。本书编制的核心 CPI 比较准确地反映了我国通货膨胀的中长期变动趋势，有助于央行更有效地引导通胀预期、实现物价稳定与产出稳定动态平衡的货币政策目标，相较于 CPI 通胀率，对我国货币政策的制定与施行具有更优的参考价值。当然，尽管核心通货膨胀指数被称为"中央银行的通胀指标"，但并不意味着央行应该放弃传统的 CPI 通胀率指标，而只盯住核心通货膨胀指数。特别是中国当前正处于经济社会转型的关键时期，较之于成熟的市场经济国家，影响通胀的各种因素叠加且更加复杂，因此货币政策操作需要综合考虑多种通胀指标。具体而言：

第一，我国应借鉴已有的测度核心通货膨胀的理论与方法，结合中国的实际情况，定期公布核心 CPI，减少对 CPI 的过度依赖，避免货币政策对于价格波动的过度反应；另外也要让社会公众了解核心 CPI 与传统的 CPI 指数之间的差异，以稳定公众的通胀预期，更好地实现货币政策目标。

第二，在实际的货币政策操作过程中，央行不能仅仅盯住核心 CPI，简单地抛弃传统 CPI 通胀指标，而是应该深入分析通货膨胀的发生机理与影响因素，综合考虑包括核心 CPI、CPI 在内的多种通货膨胀指标，使金融宏观调控在维持长期物价稳定的同时，也兼顾物价的短期波动，实现动态平衡。

三、编制广义价格指数，优化货币政策最终目标

受经济转型和发展阶段的影响，中国的货币政策最终目标有其特殊之处。

价格稳定、经济增长、充分就业、国际收支平衡等都可能成为特定时期的优先考虑。而随着市场化发展和各方面情况的变化，价格稳定的重要性越来越凸显。长期以来，我国货币当局制定与施行稳定物价货币政策的主要依据是消费价格指数（CPI），包含资产价格等在内的广义通货膨胀水平并未被纳入货币政策体系。

在经济全球化加速推进、金融市场快速发展的大背景下，通货膨胀形成机理已然发生了深刻改变，以"资产价格频繁波动与一般商品价格相对平稳长时期并存"为主要表现形式的"结构性"通胀，已经且很可能在未来成为通货膨胀的重要表现形式，现行的通胀测度核心指标 CPI 在衡量整体价格水平方面的准确性下降，继续以 CPI 为主要通胀指标进行政策搭配，难以真正实现价格稳定，修正现有以 CPI 为主要通胀指标的货币政策框架刻不容缓。本书认为，中国货币当局应该编制广义价格指数，并将广义价格指数纳入货币政策框架。从广义价格指数编制的方法选择以及政策应用等具体操作层面来看，还需注意几个方面的内容。首先，广义价格指数的编制是为了更准确地测度真实通货膨胀水平，而并非直接干预资产价格的波动。因此，在广义价格指数编制过程中，资产价格权重的确定应该是基于其对价格变动共同趋势的贡献程度。其次，将广义价格指数纳入货币政策决策信息集中，并不意味着简单放弃传统的 CPI 指标。货币当局在研判总体通胀形势时，应该综合考虑两种通胀衡量指标，不断进一步提高决策的科学性和稳健性。

参 考 文 献

[1] 卞志村,孙慧智,曹媛媛. 金融形势指数与货币政策反应函数在中国的实证检验 [J]. 金融研究, 2012 (8): 44 - 55.

[2] 卞志村,张义. 央行信息披露、实际干预与通胀预期管理 [J]. 经济研究, 2012 (12): 15 - 28.

[3] 卞志村. 泰勒规则的实证问题及在中国的检验 [J]. 金融研究, 2006 (8): 56 - 69.

[4] 曹伟,申宇. 人民币汇率传递、行业进口价格与通货膨胀:1996—2011 [J]. 金融研究, 2013 (10): 68 - 80.

[5] 曾拔群. 我国核心通货膨胀率的测算与分析 [D]. 广州:华南理工大学, 2015.

[6] 曾辉,李一,周永坤. 资产价格与通胀预期 [J]. 南方金融, 2010 (1): 12 - 17.

[7] 陈继勇,袁威,肖卫国. 流动性、资产价格波动的隐含信息和货币政策选择——基于中国股票市场与房地产市场的实证分析 [J]. 经济研究, 2013 (11):43 - 55.

[8] 陈娟,余灼萍. 我国居民消费价格指数的短期预测 [J]. 统计与决策, 2005 (4): 40 - 41.

[9] 陈彦斌,刘哲希. 推动资产价格上涨能够"稳增长"吗？——基于含有市场预期内生变化的 DSGE 模型 [J]. 经济研究, 2017 (7): 49 - 64.

[10] 陈永志,吴锦顺. 中国核心通货膨胀率的估计——基于卡尔曼滤波和多元 HP 滤波的比较 [J]. 当代经济研究, 2013, 211 (3): 36 - 42.

[11] 崔百胜. 中国货币政策应兼顾资产价格与人民币汇率目标吗——基于 LT - TVP - VAR 模型的实证分析 [J]. 国际贸易问题, 2017 (8): 165 - 176.

[12] 崔百胜. 基于动态模型平均的中国通货膨胀实时预测 [J]. 数量经济技术经济研究，2012 (7)：76 – 91.

[13] 邓创，滕立威，徐曼. 中国金融状况的波动特征及其宏观经济效应分析 [J]. 国际金融研究，2016 (3)：17 – 27.

[14] 丁慧，范从来，钱丽华. 中国广义价格指数的构建及其货币政策含义 [J]. 中国经济问题，2014 (5)：88 – 98.

[15] 丁慧，范从来. 中国菲利普斯曲线扁平化了吗——基于广义价格指数的实证研究 [J]. 经济学家，2015 (1)：19 – 29.

[16] 丁慧，范从来，钱丽华. 基于核心通货膨胀视角的物价走势判定研究 [J]. 经济理论与经济管理，2015，35 (7)：16 – 23.

[17] 段忠东. 房地产价格与通货膨胀、产出的非线性关系——基于门限模型的实证研究 [J]. 金融研究，2012 (8)：84 – 96.

[18] 范跃进，冯维江. 核心通货膨胀测量及宏观调控的有效性：对中国 1995—2004 年的实证分析 [J]. 管理世界，2005 (5)：6 – 13.

[19] 方勇，吴剑飞. 中国的通货膨胀：外部冲击抑或货币超发——基于贝叶斯向量自回归样本外预测模型的实证 [J]. 国际金融研究，2009 (4)：72 – 78.

[20] 封北麟，王贵民. 货币政策与金融形势指数 FCI：基于 VAR 的实证分析 [J]. 数量经济技术经济研究，2006，23 (11)：142 – 150.

[21] 封思贤，蒋伏心，谢启超，等. 金融状况指数预测通胀趋势的机理与实证——基于中国 1999—2011 年月度数据的分析 [J]. 中国工业经济，2012 (4)：18 – 30.

[22] 弗雷德里克·米什金，康以同，张林译. 标题通货膨胀与核心通货膨胀 [J]. 中国金融，2008 (7)：42 – 44.

[23] 高铁梅，王金明，梁云芳，等. 计量经济分析方法与建模——EViews 应用及实例（第二版）[M]. 北京：清华大学出版社，2009：147 – 188.

[24] 高艳云. 价格指数的理论与方法 [M]. 北京：中国财政经济出版社，2008：102 – 123.

[25] 郭田勇. 资产价格、通货膨胀与中国货币政策体系的完善 [J]. 金

融研究，2006（10）：23 – 35.

［26］郭晔，杨娇．货币政策的指示器——FCI 的实证检验和比较［J］．金融研究，2012（8）：16 – 28.

［27］侯成琪，龚六堂，张维迎．核心通货膨胀：理论模型与经验分析［J］．经济研究，2011（2）：4 – 18.

［28］侯成琪，龚六堂．部门价格粘性的异质性与货币政策的传导［J］．世界经济，2014（7）：23 – 44.

［29］侯成琪，龚六堂．食品价格、核心通货膨胀与货币政策目标［J］．经济研究，2013（11）：27 – 42.

［30］侯成琪，龚六堂．核心通货膨胀理论综述［J］．经济学：季刊，2013，12（1）：549 – 576.

［31］黄燕，胡海鸥．核心通货膨胀衡量方法的比较研究［J］．统计与决策，2006（6）：141 – 143.

［32］黄燕．核心通货膨胀的界定与衡量［J］．上海金融，2004（10）：19 – 21.

［33］纪敏，周源，彭恒文．资产价格影响通货膨胀了吗？——基于中国月度数据的实证分析［J］．国际金融研究，2012（11）：23 – 29.

［34］简泽．中国核心通货膨胀的估计［J］．数量经济技术经济研究，2005，22（11）：3 – 13.

［35］金春雨，吴安兵．金融状况视角下货币政策的区域非对称效应研究——基于 G20 国家的 PSTR 模型分析［J］．国际金融研究，2017，365（9）：14 – 24.

［36］康立，龚六堂．金融摩擦、银行净资产与国际经济危机传导——基于多部门 DSGE 模型分析［J］．经济研究，2014（5）：147 – 159.

［37］李富有，罗莹．人民币汇率传递的物价效应分析——基于引入虚拟变量的 ARDL 模型的实证研究［J］．国际金融研究，2013（2）：67 – 73.

［38］李红昌．居民消费价格指数缺陷及编制方法的研究［D］．兰州：兰州商学院，2013.

［39］李建军．中国货币状况指数与未观测货币金融状况指数——理论设

计、实证方法与货币政策意义［J］. 金融研究，2008（11）：56 – 75.

　　［40］李强. 资产价格波动的政策含义：经验检验与指数构建［J］. 世界经济，2009（10）：25 – 33.

　　［41］刘建伟，彭建霞，罗兰. 核心消费价格指数的理论与应用［J］. 统计研究，2006，23（10）：19 – 23.

　　［42］刘金全，徐宁，刘达禹. 资产价格错位与货币政策规则——基于修正Q理论的重新审视［J］. 国际金融研究，2017，361（5）：25 – 35.

　　［43］刘静一，朱柏松，简志宏. 中国通货膨胀的预测模型与实证［J］. 统计与决策，2013（5）：115 – 118.

　　［44］刘晓星，姚登宝. 金融脱媒、资产价格与经济波动：基于 DNK – DSGE 模型分析［J］. 世界经济，2016，39（6）：29 – 53.

　　［45］龙革生，曾令华，黄山. 我国核心通货膨胀的实证比较研究［J］. 统计研究，2008，25（3）：20 – 26.

　　［46］卢满生. 我国通货膨胀指数修正研究［D］. 成都：西南财经大学，2010.

　　［47］陆军，梁静瑜. 中国金融状况指数的构建［J］. 世界经济，2007，30（4）：13 – 24.

　　［48］栾惠德，侯晓霞. 中国实时金融状况指数的构建［J］. 数量经济技术经济研究，2015（4）：137 – 148.

　　［49］罗云，代晓静. 长期约束下的核心通货膨胀率的估算［J］. 统计与决策，2015（2）：30 – 33.

　　［50］罗知，张川川. 信贷扩张、房地产投资与制造业部门的资源配置效率［J］. 金融研究，2015（7）：60 – 75.

　　［51］罗忠洲，屈小粲. 纳入资产价格的我国通货膨胀指数研究［J］. 财经理论与实践，2012，33（2）：14 – 20.

　　［52］罗忠洲，屈小粲. 我国通货膨胀指数的修正与预测研究［J］. 金融研究，2013（9）：30 – 43.

　　［53］吕江林. 我国的货币政策是否应对股价变动做出反应？［J］. 经济研究，2005（3）：80 – 90.

［54］马亚明，刘翠．房地产价格波动与我国货币政策工具规则的选择——基于 DSGE 模型的模拟分析［J］．国际金融研究，2014（8）：24－34.

［55］苏梽芳，胡日东，臧楠．持久性加权核心通货膨胀估计及其预测能力评价［J］．数理统计与管理，2013，32（1）：123－132.

［56］孙华妤，马跃．中国货币政策与股票市场的关系［J］．经济研究，2003（7）：44－53.

［57］谈儒勇．中国金融发展和经济增长关系的实证研究［J］．经济研究，1999（10）：53－61.

［58］谭本艳．我国核心通货膨胀问题研究［D］．武汉：华中科技大学，2009.

［59］汤丹．中国核心通货膨胀的度量研究［D］．泉州：华侨大学，2012.

［60］汤丹．基于 SVAR 模型的中国核心通货膨胀估计及预测评价研究［J］．宏观经济研究，2015（1）：109－115.

［61］田新民，武晓婷．中国核心通货膨胀的 SVAR 模型估计与政策应用［J］．中国工业经济，2012（12）：5－17.

［62］田志峰．分层编制消费价格指数的合理性与问题探析［J］．统计与预测，2004（1）：33－36.

［63］汪恒．资产价格对核心通货膨胀指数的修正［J］．数量经济技术经济研究，2007，24（2）：92－98.

［64］王超，张志坚．现行消费物价指数编制的缺陷及解决方法［J］．统计与决策，2004（3）：8－9.

［65］王辉，周晶，周晗．我国 PPI 与修正后 CPI 分类指数传导机制研究［J］．财政研究，2013（11）：46－51.

［66］王琦．中国 CPI 权重调整问题探究——基于大类商品的实证分析［D］．成都：西南财经大学，2011.

［67］王少平，谭本艳．中国的核心通货膨胀率及其动态调整行为［J］．世界经济，2009（11）：13－22.

［68］王维安，贺聪．房地产价格与通货膨胀预期［J］．财经研究，2005，31（12）：64－76.

［69］王维国，王霄凌，关大宇．中国金融条件指数的设计与应用研究［J］．数量经济技术经济研究，2011（12）：115－131．

［70］王宇，李旭东，李自力．基于 BP 神经网络的我国 CPI 预测与对策［J］．计算机科学，2009，36（10）：256－257．

［71］王玉宝．金融形势指数（FCI）的中国实证［J］．上海金融，2005（8）：29－32．

［72］吴岚，朱莉，龚小彪．基于季节调整技术的我国物价波动实证研究［J］．统计研究，2012，29（9）：61－65．

［73］吴守琦．通货膨胀目标制可行性研究［D］．重庆：重庆工商大学，2014．

［74］伍戈，曹红钢．中国的结构性通货膨胀研究——基于 CPI 与 PPI 的相对变化［J］．金融研究，2014（6）：1－16．

［75］伍戈，李斌．成本冲击、通胀容忍度与宏观政策［M］．北京：中国金融出版社，2013．

［76］肖强，司颖华．我国 FCI 的构建及对宏观经济变量影响的非对称性［J］．金融研究，2015（8）：95－108．

［77］邢天才，田蕊．开放经济条件下我国资产价格与货币政策目标关系的实证分析［J］．国际金融研究，2010（12）：4－12．

［78］徐国祥．统计指数理论及应用［M］．北京：中国统计出版社，2004．

［79］徐忠．资产价格与通货膨胀：事实、理论及含义［J］．中国金融，2011（22）：59－61．

［80］许涤龙，谢敏．CPI 编制方法的国际比较［J］．中国统计，2008（7）：28．

［81］杨立勋，王鹏．不同视角下中国通货膨胀率测度比较研究［J］．经济与管理，2011，25（11）：47－53．

［82］易晓溦，陈守东，刘洋．中国金融状况指数构建及货币市场稳定性研究［J］．上海经济研究，2014（8）：3－15．

［83］余辉，余剑．我国金融状况指数构建及其对货币政策传导效应的启示——基于时变参数状态空间模型的研究［J］．金融研究，2013（4）：85－98．

［84］张成思．通货膨胀目标错配与管理研究［J］．世界经济，2011（11）：67－83．

［85］张成思．中国通胀惯性特征与货币政策启示［J］．经济研究，2008（2）：33－43．

［86］张淯，范从来，丁慧．资产短缺、房地产市场价格波动与中国通货膨胀［J］．财贸研究，2015（6）：90－96．

［87］张磊，邹玲．引入资产价格因素考量的我国通胀指数修正［J］．求索，2009（1）：11－13．

［88］张曙光，袁钢明，张平，王诚，盛洪，杨帆，赵志君，岳希明，魏众，仲继银，桁林，常欣，左大培，王利民，赵农，许宪春．核算性扭曲、结构性通缩与制度性障碍——当前中国宏观经济分析［J］．经济研究，2000（9）：3－15，77．

［89］张卫平．中国通货膨胀预测：基于 AR 和 VAR 模型的比较［J］．统计与决策，2012（4）：11－15．

［90］张晓慧，纪志宏，李斌．通货膨胀机理变化及政策应对［J］．世界经济，2010（3）：56－70．

［91］张晓慧．关于资产价格与货币政策问题的一些思考［J］．金融研究，2009（7）：1－6．

［92］张晓慧．中国货币政策［M］．北京：中国金融出版社，2012．

［93］张欣．中国核心通货膨胀的测度与分析［D］．大连：东北财经大学，2013．

［94］张延群．中国核心通货膨胀率的度量及其货币政策含义［J］．金融研究，2011（1）：64－72．

［95］赵昕东，汤丹．基于 CPI 分项目价格指数的中国核心通货膨胀估计及政策选择研究［J］．统计研究，2012，29（7）：31－36．

［96］赵昕东．基于 SVAR 模型的中国核心通货膨胀的估计与应用［J］．统计研究，2008，25（7）：45－51．

［97］中国人民银行货币政策分析小组．中国货币政策执行报告（2017 年第四季度）［R］．北京：中国人民银行，2018．

[98] 中国人民银行武汉分行，国家统计局湖北调查总队联合课题组，马天禄，马俊贤. 关于建立中国核心 CPI 问题的研究 [J]. 金融研究，2006（2）：137－145.

[99] 周德才，冯婷，邓妹妹. 我国灵活动态金融状况指数构建与应用研究——基于 MI－TVP－SV－VAR 模型的经验分析 [J]. 数量经济技术经济研究，2015（5）：114－130.

[100] 朱孟楠，刘林. 短期国际资本流动、汇率与资产价格——基于汇改后数据的实证研究 [J]. 财贸经济，2010（5）：5－13.

[101] Alchian A A，Klein B. On a Correct Measure of Inflation [J]. *Journal of Money Credit & Banking*，1973，5（1）：173－191.

[102] Aoki S，Kitahara M. Measuring a Dynamic Price Index Using Consumption Data [J]. *Journal of Money Credit & Banking*，2010，42（5）：959－964.

[103] Bagliano F C，Morana C. A common trends model of UK core inflation [J]. *Empirical Economics*，2003a，28（1）：157－172.

[104] Bagliano F C，Morana C. Measuring US core inflation：A common trends approach [J]. *Journal of Macroeconomics*，2003b，25（2）：197－212.

[105] Baumeister C，Hamilton J D. Sign Restrictions，Structural Vector Autoregressions，and Useful Prior Information [J]. *Econometrica*，2015，83（5）：1963－1999.

[106] Bernanke B S，Gertler M L. Monetary Policy and Asset Price Volatility [J]. *Social Science Electronic Publishing*，2000，84（9）：77－128.

[107] Bordo M D，Wheelock D C. Monetary Policy and Asset Prices：A Look Back at Past U. S. Stock Market Booms [J]. *Social Science Electronic Publishing*，2004，86（11）：19－44.

[108] Borio C. Monetary and Financial Stability：So Close and Yet So Far? [J]. *National Institute Economic Review*，2005，192（192）：84－101.

[109] Bryan M F，Cecchetti S G，O'Sullivan R. Asset Prices in the Measurement of Inflation [J]. *De Economist*，2001，149（4）：405－431.

[110] Bryan M F，Cecchetti S G. Measuring Core Inflation [J]. *Social &*

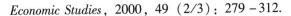
Economic Studies, 2000, 49 (2/3): 279 – 312.

[111] Bryan M F, Cecchetti S G. The Consumer Price Index as a Measure of Inflation [J] . *Economic Review*, 1993: 15 – 24.

[112] Bryan M F, Pike C J. Median Price Changes: An Alternative Approach to Measuring Current Monetary Inflation [J] . *Federal Reserve Bank of Cleveland Economic Commentary*, 1991, 1.

[113] Canova F, Nicoló G D. Monetary disturbances matter for business fluctuations in the G – 7 [J] . *Journal of Monetary Economics*, 2002, 49 (6): 1131 – 1159.

[114] Cecchetti S G. Measuring Short – Run Inflation for Central Bankers [J] . *Review*, 1997, 79 (May): 143 – 155.

[115] Cecchetti S G. Measuring the Macroeconomic Risks Posed by Asset Price Booms [J] . *Nber Chapters*, 2010.

[116] Clark T E. Comparing Measures of Core Inflation [J] . *Economic Review*, 2001 (Second Quarter): 5 – 31.

[117] Cogley T. A Simple Adaptive Measure of Core Inflation [J] . *Journal of Money Credit & Banking*, 2002, 34 (1): 94 – 113.

[118] Eckstein O. Core Inflation [J] . *Journal of Political Economy*, 1981 (6): 415 – 430.

[119] Filardo A J. Monetary Policy and Asset Price Bubbles: Calibrating the Monetary Policy Trade – Offs [J] . *Ssrn Electronic Journal*, 2004.

[120] Filardo A J. Monetary Policy and Asset Prices, Federal Reserve Bank of Kansas City [J] . *Economic Review*, 2000 (3): 11 – 37.

[121] Filardo A J. Should Monetary Policy Respond to Asset Price Bubbles? Some Experimental Results [J] . *Ssrn Electronic Journal*, 2001, 13 (Supplement s1): 101 – 122.

[122] Flemming J. Inflation [D] . Oxford University Press, 1976.

[123] Forni M, Hallin M, Lippi M, Reichlin L. The Generalized Dynamic Factor Model: One – Sided Estimation and Forecasting [J] . *Social Science Electronic*

Publishing, 2002, 100 (100): 830 – 840.

[124] Forni M, Hallin M, Lippi M, Reichlin L. The Generalized Factor Model: Identification and Estimation [J]. *Cepr Discussion Papers*, 2000, 82 (4): 540 – 554.

[125] Friedman M, Schwartz A. A Monetary History of the United States [J]. *Nber Books*, 1963, 70 (1): 512 – 523.

[126] Friedman M. Inflation: causes and consequences [J]. *Lancet*, 1978, 1 (8063): 6 – 542.

[127] Galvão A B, Owyang M T. Measuring Macro – Financial Conditions using a Factor – Augmented Smooth – Transition Vector Autoregression [R]. Mimeo, 2013.

[128] Goodhart C, Hofmann B. Asset Prices and the Conduct of Monetary Policy? [C]. Royal Economic Society Conference, 2002.

[129] Goodhart C, Hofmann B. Asset Prices, Financial Conditions, and the Transmission of Monetary Policy [C]. Conference on Asset Prices, Exchange Rates, and Monetary Policy, Stanford University, 2001: 2 – 3.

[130] Goodhart C. What Weight Should be Given to Asset Prices in the Measurement of Inflation? [J]. *Economic Journal*, 2010, 111 (472): 335 – 356.

[131] Hamilton J D. A New Approach to the Economic Analysis of Nonstationary Time Series and the Business Cycle [J]. *Econometrica*, 1989, 57 (2): 357 – 384.

[132] Hatzius J, Hooper P, Mishkin F S, Schoenholtz KL, Watson MW. Financial Conditions Indexes: A Fresh Look after the Financial Crisis [R]. NBER Working Papers, 2010.

[133] Kato R, Kiyotaki N, Moore J. Credit Cycle [J]. *Journal of Political Economy*, 1997, 105 (2): 211 – 248.

[134] Kontonikas A, Montagnoli A. Has Monetary Policy Reacted to Asset Price Movements? Evidence from the UK [J]. *Economics & Finance Discussion Papers*, 2004, 7 (1): 18 – 33.

[135] Krolzig H M. Econometric Modeling of Markov – Switching Vector Auto –

regressions using MSVAR for Ox' [J]. 1998.

[136] Litterman R B. Forecasting with Bayesian Vector Autoregressions – Five years of Experience [J]. *Journal of Business and Economics* Statistics, 1986 (4): 25 – 38.

[137] Lowe P W, Borio C E V. Asset prices, financial and monetary stability: exploring the nexus [R]. Bis Working Papers, 2002.

[138] Mankiw N G, Reis R. What Measure of Inflation Should a Central Bank Target? [J]. *Journal of the European Economic Association*, 2003, 1 (5): 1058 – 1086.

[139] Marques C R, Neves P D, Sarmento L M. Evaluating core inflation indicators [J]. *Economic Modelling*, 2003, 20 (4): 765 – 775.

[140] Mishkin F S. Housing and the Monetary Transmission Mechanism [R]. NBER Working Papers, 2007, 11 (Supplement s1): 359 – 413.

[141] Mishkin F S. The Transmission Mechanism and the Role of Asset Prices in Monetary Policy [J]. *Access & Download Statistics*, 2001.

[142] Mohanty D, John J. Determinants of inflation in India [J]. *Journal of Asian Economics*, 2015, 36: 86 – 96.

[143] Montagnoli A, Napolitano O. Financial Condition Index and Interest Rate Settings: A Comparative Analysis [R]. Istituto di Studi Economici Working Paper, 2005, 8: 2005.

[144] Mountford A, Uhlig H. What are the effects of fiscal policy shocks? [J]. *Journal of applied econometrics*, 2009, 24 (6): 960 – 992.

[145] Nakajima J. Time – Varying Parameter VAR Model with Stochastic Volatility: An Overview of Methodology and Empirical Applications [J]. *Institute for Monetary and Economic Studies*, Bank of Japan, 2011.

[146] Okun A. Inflation: the Problems and Prospects before Us [M]. Brookings institution, 1970.

[147] Quah D, Vahey S P. Measuring Core Inflation [J]. *Economic Journal*, 1995, 105 (432): 1130 – 1144.

[148] Reis R, Watson M W. Relative Goods' Prices, Pure Inflation, and the Phillips Correlation [J]. *American Economic Journal: Macroeconomics*, 2010, 2 (3):128 – 157.

[149] Rigobon R, Sack B. Measuring the Reaction of Monetary Policy to the Stock Market [J]. *Quarterly Journal of Economics*, 2001, 118 (2): 639 – 669.

[150] Roger S. Core Inflation: Concepts, Uses and Measurement [J]. *Occasional Papers*, 1998.

[151] Shah I H, Ahmad A H. How Important is the Financial Sector to Price Indices in an Inflation Targeting Regime? An mpirical analysis of the UK and the US [J]. *Review of Quantitative Finance & Accounting*, 2017, 48 (4): 1063 – 1082.

[152] Shibuya H. Dynamic Equilibrium Price Index: Asset Price and Inflation [J]. *Monetary & Economic Studies*, 1992, 10: 95 – 109.

[153] Shiratsuka S. Asset Price Fluctuations and Price indices [R]. Federal Reserve Bank of Chicago, 1999.

[154] Sims C A. Macroeconomics and Reality [J]. *Econometrica*, 1980, 48 (1):1 – 48.

[155] Smith J. Weighted Median Inflation: Is This Core Inflation? [J]. *Journal of Money Credit & Banking*, 2004, 36 (2): 253 – 263.

[156] Stock J H, Watson M W. Forecasting Output and Inflation: The Role of Asset Prices [J]. *Mark Watson*, 2003, 41 (3): 788 – 829.

[157] Swiston A. A U. S. Financial Conditions Index: Putting Credit Where Credit is Due [J]. *Social Science Electronic Publishing*, 2008, 8 (8/161): 1 – 35.

[158] Tullock G. When is Inflation Not Inflation?: Note [J]. *Journal of Money Credit & Banking*, 1979, 11 (2): 219 – 221.

[159] Uhlig H. What are the Effects of Monetary Policy on Output? Results from an Agnostic Identification Procedure [J]. *Journal of Monetary Economics*, 2005, 52 (2): 381 – 419.

[160] Vega J L, Wynne M A. A First Assessment of Some Measures of Core

Inflation for the Euro Area ［J］. *German Economic Review*, 2003, 4 (3): 269 – 306.

［161］ Viren M, Amato A. Financial Conditions Indexes ［J］. *Social Science Electronic Publishing*, 2001.

［162］ Woodford M. Inflation Stabilization and Welfare ［J］. *Contributions in Macroeconomics*, 2001, 2 (1): 1009.

［163］ Wooldridge J M. Applications of Generalized Method of Moments Estimation ［J］. *Journal of Economic Perspectives*, 2001, 15 (4): 87 – 100.

［164］ Wynne M. Core Inflation: A Review of Some Conceptual Issues ［J］. *Working Papers*, 1999, 90 (3): 205 – 228.